≡ 昌明文庫・悅讀文化 ≡

童汝勞———

著

中華美學選萃 下冊

目 錄
CONTENTS

隋唐時期

宋元時期

宋元時期

窮而後工
——宋元時期關於社會生活與文學創作關係的「古今絕調」

　　歐陽修[1]是「唐宋八大家」之一的散文大家，是北宋古文運動的領袖。在反對五代、宋初流行的「時文」浮靡文風的鬥爭中，在全面推行北宋詩文革新的運動裏，他不僅以「文壇盟主」的身份提倡文追韓愈，以「學韓」、「崇杜」相標榜，而且還身體力行寫作了許多文從字順「易知易明」[2]的平易之作，為廣大士人作出了具體的表率。他的散文不但對其時的古文運動起到了巨大的推動作用，並對後世的文學創作產生了深遠的影響。

　　《梅聖俞詩集序》是他眾多膾炙人口的佳作中的一篇，後人稱這是「歐公最作意的文字」[3]。而這篇序文裏提出的「窮而後工」之論，自然受到人們的高度關注和讚譽，有的說是「古今絕調」[4]，有的說

1　歐陽修（1007-1072）：北宋文學家、史學家。字永叔，號醉翁、六一居士。吉水（今屬江西）人。天聖年間進士，曾任樞密副使、參知政事。早年支持范仲淹改良政治，王安石推行新法時，曾對青苗法表示不滿。北宋古文運動的領袖，散文說理暢達，抒情委婉，是「唐宋八大家」之一。曾與宋祁合修《新唐書》。今有《歐陽文忠集》傳世。

2　易知易明：見歐陽修《答張秀才第二書》：「其道易知而可法，其言易明而可行。」

3　引自清代蒲起龍《古文眉詮》卷五十九：「窮者而後工，即夫子少賤多能，史公窮著書意也，中間悲其窮，言其工，一往情深，淋漓盡致，而後結出作序緣由，見表彰之意，此篇是歐公最作意之文字。」

4　古今絕調：見清代儲欣《唐宋八大家類選》卷十一：「只『窮工』二字，往復議論，悲慨，古今絕調。」

是「千古不易之論」[5]。可見其意義的確不可低估。那麼，究竟什麼是「窮而後工」呢？在《序》文中歐陽修說：

「予聞世謂詩人少達而多窮[6]。夫豈然哉！蓋世所傳詩者，多出於古窮人之辭也。凡士之蘊其所有[7]，而不得施於世者，多自放於山巔水涯之外，見蟲魚草木、風雲鳥獸之狀類，往往探其奇怪。內有憂思感憤之鬱積，其興於怨刺[8]，以道羈臣[9]寡婦之所歎，而寫人情之難言。蓋愈窮則愈工。然則非詩之能窮人，殆窮者而後工也。」

其實，類似「窮而後工」這種觀點，在歐陽修之前，司馬遷也談到過，在《報任安書》中他說：「蓋文王拘而演《周易》；仲尼厄而作《春秋》；屈原放逐，乃賦《離騷》……《詩》三百篇，大抵皆賢聖之所為作也。」後來韓愈在《荊譚唱和集序》裏，也有過「歡愉之辭難工，而窮苦之辭易好」的說法。但這些說法都不如歐陽修的「窮而後工」四字概括得精鍊明白，言簡意賅，而且對「窮」與「工」的關係還講得更加透徹。

「予聞世謂詩人少達而多窮」一句，為「窮」作出了界定。這就是說所謂的「窮」，是和「達」相對舉的，不是指生活上貧窮的「窮」，而是指與「達」（得志、顯貴）相對的不得志和困厄。這正如《孟子·盡心上》所言：「古之人，得志，澤加於民；不得志，修身

5　千古句：見清代吳楚材等《古文觀止》卷十：「『窮而後工』四字，是歐公獨創之言，實為千古不易之論。」
6　於聞句：達：得志、顯貴。窮：主要指政治上不得志，仕途失意，也含生活上窮困之意。句意是說我聽世上的人常說：詩人顯貴得意的少，而窮困潦倒的多。
7　蘊其所有：蘊：積聚、蓄藏。這裏主要指詩人胸中積聚的知識才學和抱負。
8　興於怨刺：興：興起，朱熹說是「感發志意」、「託物興辭」，孔安國的解釋是「引譬連類」。意即處於外物而引發起怨恨諷刺的情思。
9　羈臣：羈：寄居在外。羈臣即羈旅之臣，也可指放逐在外之臣。

見於世。窮則獨善其身，達則兼善天下。」對於胸懷濟世之才的士人來說，棲身草野，或困於州縣作個小吏，都是在「窮者」之列。

那麼，「窮者」為什麼能「寫人情之難言」，而且「愈窮則愈工」呢？對此，歐陽修著重指出，這是由於「窮者」具備了極其有利的主客觀條件。

一、凡胸懷濟世之才而不能施理想抱負於社會的「窮者」（「蘊其所有而不能施於世者」），他們都喜歡自己放縱自己於「山巔水涯之外」。「山巔水涯之外」就是大自然，是自然萬物生長的處所。他們看見「蟲魚草木、風雲鳥獸」的種種形態，往往便會探究它們之所以如此的緣由（「探其奇怪」）。於是，或「物感心動」，或「觸景生情」，因而「搖盪性靈，形諸舞詠」[10]，產生強烈的創作衝動。這是客觀上的一種有利的條件。

二、在主觀上，這些不得志的「窮者」，本來內心就有著「憂思感憤之鬱結」的情感或情緒，一旦在「山巔水涯之外」，看見了充滿生機的自然外物（或遇見苦難不幸的人與事），往往會激發他們內在的「感憤」之情，進而「興於怨刺」，或託物言志，或借景抒情。他們之所以能通過羈臣寡婦所述說的哀歎，寫出人們難以明言的情感和苦處，創作出優秀的作品，其原因也都在這裏。

這裏有兩點需特別指出。一是所謂的「內有憂思感憤之鬱結」。這是人內心的一種情感或情緒。這種「鬱結」的情感或情緒，如鯁在

---

10 此處引自鍾嶸《詩品》：「氣之動物，物之感人，故搖盪性靈，形諸舞詠。」這是說藝術的本源是「氣之動物，物之感人」。

喉不吐不快，故而有一種急欲發洩的內在需要。而心理學告訴我們：「需要是人的心理活動的重要動力。」「情感和情緒在人的實踐活動中，在為達到既定目標的鬥爭中，起著巨大的作用。」[11]所以，有著「憂思感憤」之情的詩人，在「需要」的動力，和情感、情緒雙重作用的推動下，他的作品便能夠「窮而後工」。二是「寫人情之難言」。「窮者」除了「多喜自放於山巔水涯之外」，能從自然萬物中獲得豐富的審美感受和認識之外，他們大多生活在基層社會，有利於深入生活，瞭解人民群眾的訴求和情感，因而能夠從現實生活中吸取生動的第一手素材，創作出優秀的作品。如果「窮者」愈「窮」，連州縣小官都不是，完全淪為庶民，那麼他們在社會底層的生活感受便愈加豐富，體驗愈深，「憂思感憤」之情愈加強烈，因而他們便愈加能夠「寫人情之難言」，創作出情真意切的傑出作品。

偉大詩人杜甫一生的坎坷困厄，和他在詩歌上取得的光輝成就，就是「窮而後工」或「愈窮則愈工」的典範。在長安十年期間，不僅不能實現他「致君堯舜上，再使風俗淳」的政治抱負，而且還過著「朝扣富兒門，暮隨肥馬塵」的屈辱生活，甚至經常挨餓受凍，「飢餓動即向一旬，敝衣何啻懸百結」。仕途上、生活上都「窮」到了極點。然而生活的磨難卻使他寫下了《兵車行》、《麗人行》、《赴奉先縣詠懷五百字》等傑作名篇。後來在鳳翔做肅宗的左拾遺時，因上疏營救宰相房琯，激怒了皇上，幾遭刑戮。被貶，次年棄官出走，在苦難的奔波之中，又寫下了《悲陳陶》、《哀江頭》、《春望》、《北征》以及「三吏」、「三別」等一系列史詩般的篇章。杜甫的例證也充分

11 伍棠棣、李伯黍、吳福元編：《心理學》（北京市：人民教育出版社出版，1982年），頁135、137。

說明歐陽修的「窮而後工」之論，是有著充分的史實根據，又符合藝術創作客觀實際的。

至於司馬遷在《報任安書》中講到的文王、仲尼、屈原、左丘明等一大批政治上不得志、遭挫折、受打擊的「窮者」，他們卻因此而創作出了如《周易》、《春秋》和《離騷》那樣的不朽之作，甚至「司馬宮刑，乃著《史記》」的情形也是如此。這就更加說明「窮而後工」的現象絕不是個別的，在歷史上具有相當的普遍性。

當然，如果單從字面上看，「窮而後工」還不是一條完全意義上的創作規律。在邏輯學上，它也只是個充分條件的假言判斷。但通讀《梅聖俞詩集序》全文，歐陽修把其中的關係講得還是很清楚的。一是梅聖俞「幼習於詩，自為童子，出語已驚其長者」。這是說他稟性聰明，很有天賦，兒童時寫的詩，就讓長輩們看了很吃驚。二是「聖俞亦自以其不得志者，樂於詩而發之，故其平生所作，於詩尤多」。多到什麼程度呢？歐陽修說：「因索其家，得遺稿千餘篇。」這就是說在詩歌創作上，他有長期的藝術實踐。俗話說「實踐出真知」、「熟能生巧」。有了這個前因，詩之「工」，自然也就是水到渠成的後果了。而且一個不得志的詩人能夠「樂於詩」愛詩，說明他的「志」是十分堅定的。所以，歐陽修所概括的「窮而後工」的社會生活和創作的關係論，是和人的稟性天賦、長期的創作實踐，以及詩人「樂於詩」的志意聯繫在一起的，因而在邏輯上是能夠成立的一個充分必要條件的假言判斷。

「窮而後工」因為闡明瞭作家個體體驗和創作的深刻關係，因而成為一條客觀藝術規律。這條規律，今天仍然發揮著它不變的作用。

身即山川而取之
——宋元美學中最全面、具體的關於山水畫的創作論和審美觀

　　郭熙[1]是北宋著名的山水畫家，其子郭思根據他一生繪畫實踐的心得纂述而成的《林泉高致》，標誌著山水畫的理論已經到了成熟階段。其中他在《山川訓》中提出的「身即山川而取之」的命題，更是繼承並發展了荊浩的「度物象而取其真」[2]，張璪「外師造化，中得心源」[3]的繪畫理念，而成為宋代最全面、具體的關於山水畫的創作論和審美觀。他說：

　　「學畫花者，以一株花置深坑中，臨其上而瞰之，則花之四面得矣。學畫竹者，取一枝竹，因月夜照其影於素壁之上，則竹之真形出矣。學畫山水者，何以異此？蓋身即山川而取之，則山水之意度見矣[4]」。

1　郭熙：字淳夫，河南溫縣人。生卒不詳。宋神宗熙寧年間為國畫院藝學，後任翰林待招直長。工畫山水，學李成。後人把他與李成並稱李郭，為山水畫的主要流派之一。其繪畫實踐的心得《林泉高致》是中國古典畫論的重要著作之一。
2　參見第七十五篇。
3　參見第七十一篇。
4　身即山川二句：身：親自。即：靠近、到、達到。取：選取，這裏引申為觀察。意度：即「神」，自然山水的意象。句意謂畫家親自走近山川，身臨其境，對自然山水作直接的審美觀照，那麼便可發現自然山水的審美意象。

畫花，可以把一株花放在坑裏，從上面往下看就可以看到花的全貌。畫竹，拿一枝竹，在晚上的月光中把它的影子照在白色的牆壁上，就可以看到它的形象。但是，「山，大物也。其形欲聳拔，欲偃蹇，欲軒豁……此山之大體也。水，活物也。其形欲深靜，欲柔滑，欲汪洋……此水之活體也」。因此對山水的觀照，不能像觀花、看竹那樣簡單，而必須走近山川，身臨其境地對自然山水作直接的審美觀照，才能發現自然山水的審美形象（即「山水之意度見矣」）。這樣，郭熙就既道出了荊浩「度物象而取其真」的要義，也闡釋了張璪「外師造化」所沒有闡釋的一層內涵，這一點也是很重要的。

那麼，這種直接的觀照具體言之應該怎樣進行呢？

一、郭熙認為首先要「遠望之以取其勢，近看之以取其質」。因為真山水的雲氣、煙嵐四時不同，風雨、陰晴的景色又遠近有別，所以觀察要遠近結合，缺一不可。當然遠望的目的，是為了體會把握山川景物的氣概，也就是「取勢」。有些自然景物，不遠望，不但不能得其「神」，連形也無法辨別。反之，如果只是遠望，而不去近觀，那麼山的結構是土山還是石山？山的形成，是水成岩，還是石灰岩？這些山的「質」都不知道，這樣用什麼樣的皴法、墨法就都無從下手。所以郭熙說：「真山水之風雨，遠望可得，而近者玩習，不能究錯縱起止之勢[5]。真山水之陰晴，遠望可盡，而近者拘狹，不能得明晦隱見之跡。」其道理也在於此。

二、郭熙認為要發現和把握自然山水之美，進而創造出審美的意

5　究錯縱起止之勢：究：研究分辨。錯綜：交錯縱橫。句意是說，分辨（風雨）縱橫交錯和來去起落的氣勢。

象，必須對真山水做多角度全方位的觀察。因為自然山水的審美形象不是單一的平面，而是複雜的立體空間；它不是固定不變的形象，而是千變萬化的景物。所以他說：「山，遠望如此，遠數里看又如此，遠十數里看又如此，每看每異，所謂山形步步移也。山，正面如此，側面又如此，背面又如此，每看每異，所謂山形面面看也。如此，是一山而兼數十百山之形狀，可得不悉乎？」並且由於山，春夏秋冬的景色不同；朝暮陰晴的情形也不同，所以他又說：「如此，是一山而兼數十百山之意態，可得不究乎？」

這就是說，山水的審美形象具有無限多的側面，畫家的觀察點和觀察角度不同，自然山水所顯示的審美形象也就不同。這就如蘇軾名句所言：「橫看成嶺側成峰，遠近高低各不同。」（《題西林壁》）故而，畫家對自然山水的直接觀照，要近看、遠看、正面看、側面看、背面看；要朝看、暮看、陰天看、晴天看，而且還要春夏秋冬四季看。這樣，才能全面細緻地把握自然山水的審美形象，從而創造表現出每一山川的特殊的「意態」。

三、郭熙認為僅僅有了多角度的觀察還不夠，畫家對自然山水的觀照，還應當「飽遊飫看」[6]，即有一定廣度和深度，才能創造出「精粹」的山水畫。這種山水畫讓人觀之，「如真在此山中」、「如將真其處」那樣，「思行」、「思望」、「思居」、「思遊」，這才是山水畫的最高境界。因此，他說：

「嵩山多好溪，華山多好峰，衡山多好別岫，常山多好列岫，泰山

6　飽遊飫看：飽與飫皆是吃足、飽滿之義。遊：指遊歷；看：指閱歷。「飽遊飫看」與「行萬里路，讀萬卷書」相似。這裏是說畫家對自然山水的觀察要有一定的深度和廣度。

多好主峰……奇崛神秀，莫可窮其要妙。」「欲奪其造化，則莫神於好，莫精於勤，莫大於飽遊飫看[7]。歷歷羅列於胸中，而目不見絹素，手不知筆墨，磊磊落落，杳杳漠漠，莫非吾畫。」

這是說，嵩山、華山、衡山等，都各有其最美的溪、岫和主峰。要想獲得它的自然的本性特徵所具有的審美形象（「欲奪其造化」），那就要對繪畫藝術十分熱愛，十分勤奮，而且特別是對自然山水的觀照，要有一定的廣度和深度，即「飽遊飫看」，才能發現和領略山水的「奇崛神秀」，從而使神奇的山水「歷歷羅列於胸中」，創造出「磊磊落落，杳杳漠漠」的審美意象。

而他批評一些人說：「今執筆者，所養之不擴充，所覽之不淳熟，所經之不眾多，所取之不精粹，而得紙拂壁，水墨遽下，不知何以掇景於煙霧之表，發興於溪山之巔哉？」這就從反面說明和論證了「飽遊飫看」的重要性。「所養之不擴充」，是指畫者缺乏審美修養和藝術思維的能力；「所覽之不淳熟」和「所經之不眾多」是說審美觀照沒有一定的廣度和深度；「所取之不精粹」是說缺乏提煉和典型概括的功夫。但是「取之不精粹」的原因又是「所養之不擴充」、「所覽之不淳熟」、「所經之不眾多」所造成的。可見「取之精粹」與「飽遊飫看」的聯繫，實在是太密切了。甚至可以說，沒有「飽遊飫看」的經歷，便沒有「取之精粹」的成功。而沒有「取之精粹」的提煉取捨典型概括，「千里之山，不能盡奇；萬里之水，豈能盡秀？……一概畫之，版圖何異（與畫的地圖有什麼區別）？」所以要再現山水的

---

7 欲奪其造化四句：造化：即自然。這裏指自然山水的本性特徵所具有的審美形象。四句的大意是說：想獲得自然山水內在的審美形象，沒有什麼比（對繪畫藝術的）愛好更神奇，沒有什麼比（對藝術學習的）勤奮更精純，沒有什麼比（對山水觀察的）廣度和深度更大更重要的了。

自然美，除了要加強自身的藝術修養之外，那就「莫大於飽遊飫看」了。

四、郭熙「身即山川而取之」的命題，還要求畫家對自然山水的觀照，要「以林泉之心臨之」。他說：「以林泉之心臨之則價高，以驕侈之目臨之則價低。」這裏所謂的「價高」、「價低」是指審美價值。

但什麼是林泉之心呢？有人說就是「靜居燕處，明窗淨几，一炷爐香，萬慮消沉」的心境。也就是《莊子·達生》當中所說的「齊（齋）以靜心」。當然這是有道理的，而且也和老子的「滌除玄覽」、宗炳的「澄懷味象」之說息息相通。然而孔子說過「仁者樂山，智者樂水」，郭熙也認為：「太平盛日，君親之心兩隆之日……豈仁人高蹈遠引，為離世絕俗之行（難道仁者還要到山林中去隱居嗎）？」所以說，郭熙的「林泉之心」是既要「不下堂筵」又能「坐窮泉壑」的一種心態，是融合了儒道兩家審美心理的一種「中隱」[8]之心。

不過，他這種「林泉之心」是有所側重的。如《山川訓》開篇說：「君子之所以愛夫山水者，其旨安在？丘園養素，所常處也；泉石嘯傲，所常樂也；漁樵隱逸，所常適也；猿鶴飛鳴，所常親也……」這可以看做是他對「林泉之心」的一種解釋。因為「君子」對於自然山水的「處」、「樂」、「適」、「親」的愉悅、親近之情，其實也就是「林泉之心」，或者又叫做「林泉之志，煙霞之侶」。因此

8　「中隱」：指中唐時期，士人把自然山水濃縮於自己的庭院之後，便不再到山林中去「隱」，而是在城市的庭院裏去「隱」。白居易把這種「隱」稱為「中隱」。他有一首名叫《中隱》的詩：「大隱住朝市，小隱入丘樊。丘樊太冷落，朝市太囂喧。不如作中隱，隱在留司官。似出復似處，非忙亦非閒。……」講的就是這個意思。

「以林泉之心臨之」，便是以親近自然，熱愛自然，或以自然為伴的心態去觀察自然山水。而以這種心胸去面對自然山水，就會發現自然山水原來是有生命的，而且也具有社會象徵的意義。所謂的「春山淡冶而如笑，夏山蒼翠而如滴，秋山明淨而如妝，冬山慘澹而如睡」就是如此。所看到的「大山堂堂，為眾山之主，……其象若大君赫然當陽，而百辟奔走朝會，無偃蹇背卻之勢也。長松亭亭，為眾木之表……其勢若君子得時，而眾小人為之役使，無憑陵愁挫之態」也是如此。

總之，郭熙「身即山川而取之」的命題，是他對中國繪畫理論的一個重要貢獻。尤其是關於直接觀察自然山水多角度、全方位的論述，關於創作取材要提煉的、典型概括的要求，最為細緻精彩。它的問世，不僅對其時的繪畫實踐產生了巨大的影響，即便在當今，這一理論仍有著積極的借鑒意義。

以平淡為美
——宋元時期極廣泛、極具時代特徵的審美理念

　　在藝術、人生方面追求平淡、淡泊的審美理念，早於兩晉時期，因玄學的興起，老莊思想的回歸，士人之中便已形成了一種時尚，而其中又以王羲之、陶淵明最具有代表性。蘇軾把他們平淡的藝術風格和人生態度，稱之為「高風絕塵」[1]。到了宋代，尤其是真宗、仁宗時期，由於朝廷上下因循苟安，新政新法難以施行，統治階級不求豐功偉績，但圖四平八穩，因而整個社會自然缺乏昂揚壯偉的崇高追求。加之其時都市園林的大量湧現，士人們又喜於那種「似出復似處，非忙亦非閒」[2]的生活，因此在儒、釋、道三家思想相互融合、共同作用的背景之下，既實際又超脫的平和淡泊的審美心理，與平淡寧靜的生活情趣，便格外地受到文士們的青睞，從而「以平淡為美」，便在詩、書、畫等藝術門類中形成了一種最廣泛最具時代特徵的風尚。

1　蘇軾：《書黃子思詩集後》。所謂「高風絕塵」，即他說的「蕭散簡遠，妙在筆劃之外」。
2　白居易：《中隱》。「似出復似處」，意謂亦官亦隱。參見第七十七篇注釋。

比如在詩歌方面，梅堯臣[3]是以平淡論詩的主創者。首先我們從他的詩歌理論和實踐，是怎樣受到其時的文壇盟主歐陽修的支持和加盟，如何受到大詩人蘇東坡的肯定和發揮，以及他對中青年詩人宋中道、邵不疑等的指導和扶持便可以看到這點。當然梅詩求平淡，是源於陶淵明的，與老莊思想也有一定的淵源。但梅堯臣對平淡的理解更多的卻是含有生活氣息的「邃美」。如果說陶淵明的平淡主要是面向自然的話，那麼，梅堯臣的平淡，則主要是面向社會與人生。如他在《林和靖先生詩集序》中說：「其順物玩情為之詩，則平淡邃美[4]，讀之今人忘百事也。」就是如此。這裏很明顯，所謂的詩的「平淡」，不是平庸、一般、淺淡，而是與人的情性相聯繫的精深之美（即「邃美」）。

　　在《讀邵不疑學士詩卷》中他又說：「作詩無古今，為造平淡難。」但為什麼難，難在何處？他沒有明言。可是他的知音歐陽修卻在《六一詩話》之中，替他作出瞭解答。他說：「聖俞（即梅堯臣）平生苦於吟詠，以閒遠古淡為意，故其構思極難。……狀難寫之景，如在目前，含不盡之意，見於言外。」在歐陽修看來，梅詩的風格是「閒遠古淡」，稱讚其詩「譬如妖韶女，老自有餘態……初如食橄欖，真味久愈在」（《水谷夜行寄子美聖俞》）。而平淡（也就是「古淡」）的標準就是要「狀難寫之景，如在目前，含不盡之意，見於言外」。即要有豐富而深厚的言外之意，而要達到這樣的境界，當然很難。

3　梅堯臣(1002-1060)：北宋著名現實主義詩人。字聖俞，宣州宣城（今安徽宣城）人。累舉進士不第，憑叔父「恩蔭」做過一些小官。晚年為國子監直講。累官至尚書都官員外郎。其詩歌富於現實內容，題材廣泛，風格平淡，意境含蓄。有《宛陵先生文集》留世。

4　邃美：邃：深遠精深。謂「平淡」不是平常、淺淡，而是一種精深之美。

對於梅堯臣創導的「平淡」，蘇軾的理解更為深刻。在《書黃子思詩集後》中他明確指出這種平淡是「發纖穠於簡古，寄至味於淡泊」[5]。即看起來平常淺淡，其實他卻包含著精微豐厚的內涵（「纖穠」），包含著最高層次的審美趣味（「至味」）。就像老子所說的「大巧若拙」那樣，它「外枯而中膏，似淡而實美」（《評韓柳詩》），只看表面是不行的。因為「絢爛之極歸於平淡」，或者說一切華美纖穠的「至味」均應以平淡出之。這才是「平淡」的真諦。

此外，蘇軾還講過：「大凡為文，當使氣象崢嶸，五色絢爛，漸老漸熟，歸於平淡。」（轉引何文煥《歷代詩話·竹坡詩話》）這裏談的就不僅是為詩為文的境界，簡直就是做人的境界了。

書畫方面，情形也是如此。比如宋代書法一開始就與唐書的恢弘法度不同。據張法《中國美學史》所言，宋太宗「收集宮廷內外的各種墨蹟，進行編次，共為十卷」。其中王羲之的書法佔了四卷，王獻之的書法佔了兩卷。「而唐楷，甚至顏真卿書法一字未收入，明顯地透出了拒斥唐代法度……轉向晉人的高風絕塵，也就是蘇軾一再讚揚的『鍾、王之跡，蕭散簡遠，妙在筆墨之外』。」（《書黃子思詩集後》）所以張法認為：「宋代書風，從李健中到蔡襄，一種崇尚平淡厚蘊的士人情趣，得到了普遍的認同。」這話的確是很有根據的。其中蔡襄之書，得到了歐陽修、蘇軾、沈括、盛時泰等大家的高度讚揚和評價，就更是明顯的佐證。

例如蘇軾在《東坡題跋》中，就有六處談到蔡襄的書法，而且每

---

5 發纖穠二句：纖穠：細微豐實。句意謂在古樸中包含著細膩濃鬱（的情感），在清淡恬靜中包含著深長的韻味。

一處題跋不是「以君謨（即蔡襄）為第一」，就是「為當時第一」，在《論君謨書》中他還引歐陽修說過的話說：「『蔡君謨獨步當世』，此為至論。」可見蘇歐二人對蔡襄的書法，推崇備至，無以復加。關於蔡襄草書的飛白，沈括在《夢溪筆談》中也說：「存張旭懷素之古韻，有風雲變幻之勢，又縱逸而富古意。」這裏，他所稱讚的「縱逸」、「古韻」，其實也就是士人們所推崇的淡泊平淡之美。

繪畫方面，著名的山水畫家郭熙在《林泉高致》中提出了「三遠」說，並用「遠」這一概念來概括山水畫的意境，也很能說明問題，同時也具有一定的代表性。他說：「山有三遠。……高遠之勢突兀，深遠之色重疊，平遠之意沖融而縹縹緲緲，其人物之在三遠，高遠者明瞭，深遠者細碎，平遠者沖淡。」（《山川訓》）這就不僅僅是在講繪畫的透視規律，而是在談山水畫的意境了。因為「意境」是對有限物象的超越，是從有限到無限。要「無限」就必然和「遠」的觀念相聯繫。故所謂的「平遠之意沖融」和「平遠者沖淡」之說，實際上也就是人們所崇尚的平淡之美。至於他所謂的「以林泉之心臨之則價高」也是說，用萬慮消沉毫無雜念的平淡之心去觀照自然山水，其審美價值就高。

可見平淡的畫風也是很強勁的。到了元代，大畫家倪瓚更是有過之而無不及。今人阮榮春主編的《中國繪畫通論》評價倪瓚時說：「倪瓚曾入全真教，書品、詩品、畫品，甚至人品都稱得上『蕭散閒逸，沖淡恬靜』」，並且認為他的代表作《漁莊秋霽圖》「整幅作品，蕭疏淡遠，不食人間煙火」。這也進一步說明，從宋代文人畫的興起到元代形成主流，平淡遠逸之風也越來越盛。

總之，從上述種種簡單的評介，人們便不難看到，在宋元時期，以平淡為美的審美理念，的確已經形成了一種時代的風尚。它涉及的藝術門類很多，其內涵又非常的豐富，因而它對其時對後世的影響也是非常之深遠，這點大概是可以肯定的。

成竹在胸
——宋元書畫美學中最具普遍意義的創作方法論

「成竹在胸」是大家都熟知的一個成語。但是很少有人知道，它最早是出自北宋畫家、詩人文與可之口，又由蘇軾[1]加以闡釋、發揮，並形成了一個最具普遍意義的繪畫創作的方法論。它的內涵的規定性和重要性，蘇軾在《文與可畫 篔谷偃竹記》一文中是這樣講述的：

「竹之始生，一寸之萌耳，而節葉具焉。自蜩腹蛇蚹[2]以至劍拔十尋者[3]，生而有之也。今畫者乃節節而為之，葉葉而累之，豈復有竹乎！故畫竹必先得成竹於胸中，執筆熟視，乃見其所欲畫者，急起從之，振筆直遂，以追其所見，如兔起鶻落，少縱則逝矣。」

1　蘇軾（1037-1101）：北宋大文學家，書畫家。字子瞻，號東坡居士。眉山（今屬四川）人。嘉祐進士。因反對王安石新法，以作詩「謗訕朝廷」罪貶謫黃州。哲宗時任翰林學士，曾出知杭州、潁州。官至禮部尚書。後又眨謫惠州、儋州。卒後追諡文忠。其文明白暢達，為「唐宋八大家」之一。其詩清新豪健，獨具風格。其詞開豪放一派，對後世有很大影響。書法擅長行、楷，學晉宋名家而自創新意，與蔡襄、黃庭堅、米芾並稱「宋四家」。善畫竹，學文與可，也喜作枯木怪石。詩文有《東坡七集》；書跡有《答謝民師論文帖》等存世；畫跡有《竹石圖》等。

2　蜩腹蛇蚹：蜩：蟬。蛇蚹：蛇腹下的橫鱗。蜩腹蛇蚹：指竹筍節節環生的形狀，像蟬腹下的條紋和蛇腹下的橫鱗。

3　十尋：尋：古時長度計量單位，八尺為一尋。十尋表示很長很高，並非實數。

這段話說，竹子從發出一寸來長的幼芽開始，它的竹節、竹葉就已經具備了。它那環形的竹節，好像蟬腹下的條紋和蛇腹下的橫鱗，一直到它長成幾丈高的竹子，都是「生而有之」的。可是現今有的畫者，畫起來卻一節一節地添加，一葉一葉地堆疊。這樣添枝加葉的畫法，當然顯得支離破碎，怎麼還會有完整的竹子形象！所以畫竹，必定要胸中先有完整清晰的竹子形象，然後提筆凝神注視，這竹子的形象就全部完整地呈現在眼前了。這時，奮筆揮寫，毫不間斷，照著這樣的形象畫去，彷彿兔子突然躍起，鶻鳥突然降落似的，稍一放鬆，這呈現在眼前的竹子形象就消失了。

這段話，蘇軾講了兩層意思。首先，畫家在動筆之前要做到「意在筆先」，不過這個「意」，不僅是畫家的創作意圖，而是說畫家胸中要有一個完整清晰的審美意象。就是他說的「畫竹必先成竹於胸中，執筆熟視，乃見其所欲畫者」。如果胸無成竹，僅僅「節節而為之，葉葉而累之」，那畫出來的形象便沒有生命，就不成其為竹。當然要做到成竹在胸，也不是很容易的。這要靠平時有多次、仔細、全方位的觀察（即所謂的「熟視」），才能掌握竹子的形態和神態，從而也才能成竹在胸。

其次，畫家胸中的「成竹」（審美意象），是畫家在對外物「熟視」的過程中，由於靈感的突發而形成的，因而具有時間上的短暫性和意象的不穩定性，即所謂的「少縱則逝」。所以畫家就要不失時機地抓著胸中湧現出來的審美意象（「所欲畫者」），「急起從之，執筆直遂，以追其所見」。他在《臘日遊孤山訪惠勒寺二僧詩》中講的「作詩火急追亡逋（猶如追逃犯），清景一失後難摹」，也是此意。強調的都

是要善於捕捉形象，並且要及時地加以表現。

在文章的後半段他所說的是如何才能「心手相應」，把「胸中之竹」轉化成為「手中之竹」。他說：「與可之教予如此，予不能然也，而心識其所以然。夫既心識其所以然而不能然者，內外不一，心手不相應，不學之故也。故凡有見於中而操之不熟者，平居自視了然，而臨事忽焉喪之，豈獨竹乎！」

意思是說，「成竹在胸」的藝術主張是表兄文與可告訴我的。雖然自己懂得這個道理，但實踐起來還是做不到。心裏想的，通過觀察構思而形成的意象，和手裏畫的，見之於筆墨的形象統一不起來。為什麼這樣呢？原因是「不學」之故。「不學」，即缺乏實踐和鍛鍊，也就是「操之不熟」，「熟」，這裏指高度純熟的技巧。所以蘇軾認為，只要「不學」、「不熟」，做什麼事情都會是「心手不相應」的結果，豈止是畫竹一件事呢！（「豈獨竹乎」）。

這裏，他把「學」（實踐鍛鍊）的重要性提到了哲學的高度。正如他在《書李伯時山莊圖後》裏　所說的：「有道而不藝，則物雖形於心，不形於手」，「學」正是蘇軾「成竹在胸」命題最精闢最具普遍意義的所在。

當然，蘇軾還談到要物「形於心」又能「形於手」，除了要有高度的技巧之外，還要有一種審美創造的精神狀態。這就是他所說的「其身與竹化，無窮出清新」（《書晁補之所藏與可畫竹三首》）。所謂的「身與竹化」，就是主體和客體的融合，亦即畫家處於忘我的境界。這時，畫家超越了世俗的利害得失，忘去了其它，全部注意力都

集中在胸中的審美意象之　上。就像莊子說的「用志不分，乃凝於神，審美主體的精神得到瞭解放、超越，於是便獲得了一種創作的自由，從而便能創作出餘意無窮、鮮活清新的藝術作品。

　　分析蘇軾「成竹在胸」的繪畫創作方法論，聯繫他《題西林壁》一詩的主旨——對自然山水多角度、全方位的審美觀照，再聯繫其「其身與竹化」的審美精神狀態，可見蘇軾有著其時最系統、最完整的繪畫創作思想。其對後世的影響，也就更為廣泛而深遠。清代畫家鄭板橋把繪畫創作的全過程概括為「眼中之竹——胸中之竹——手中之竹」，就是受到了蘇軾上述畫論影響的一個明顯佐證。鄭板橋的概括取得了後來畫家的廣泛認可，這不也是蘇軾對繪畫藝術所作出的一個重要貢獻嗎？

八十

詩中有畫，畫中有詩
——宋元美學中詩畫藝術結合論之濫觴

　　文學與繪畫的結合，在古代早已有之。如東晉顧愷之的《女史箴圖》、《洛神賦圖》，以及《輕車詩圖》，都是以文學作品為題材來創作的。但那時的「結合」形式，是詩文配合繪畫，詩與畫各自還保持著自己的獨立性。到了唐代，此風不絕，但其「結合」形式已經是相互滲透和融合，演變成為畫是無聲詩，詩是有聲畫。這種詩與畫的「結合」，最早應始於唐代著名詩人兼破墨山水畫創始者王維，但王維只是說自己是「當世謬詞客，前身應畫師」，並未意識到這種「結合」。將這種「結合」上升到理論並擴大其影響的，卻是「唐宋八大家」之一的蘇軾。他在《書摩詰藍田煙雨圖》一文中提出了「詩中有畫，畫中有詩」的著名命題，要在提倡「詩」與「畫」的相互滲透和融合。通過這種滲透和融合，進而創造出具有「詩情畫意」的美的意境，即所謂「詩以有畫境稱善，畫以有詩意為上」。

　　對此，我們從他在另外兩處的談話，也可得到清晰的印證。一是他在《書鄢陵王主簿所畫折枝二首》中講的：「詩畫本一律，天工與清新。」是說「詩」與「畫」在創造審美意象方面具有同一性，要達

到自然與清新的境界。二是他在《文與可畫竹屏風贊》中說的：「詩不能盡，溢而為書，變而為畫。」可見，蘇軾不但提倡「詩」與「畫」的結合和相互滲透，而且他還是主張詩、書、畫三位一體的首倡者！我們說蘇軾「詩中有畫，畫中有詩」的命題，是詩畫藝術結合論之濫觴，道理也在這裏。

蘇軾「詩中有畫，畫中有詩」之論，是他在觀看了王維的《藍田煙雨圖》之後產生的感悟、體驗，進而昇華為理論形態的評價和讚譽。並且他還記下了王維畫上的題詩：「蘭溪白石出，玉川紅葉稀，山路原無雨，空翠濕人衣。」可是在認為「此摩詰之詩」之後，他又說：「或曰非也，好事者以補摩詰之遺。」這樣一來，《藍田煙雨圖》與其中的詩是否為王維作品，還真是個有爭議的話題。不過王維「畫中有詩，詩中有畫」的藝術特色，一經蘇軾點出便獲得廣泛認可，產生了極大的反響，也引起了很大的爭論。這在中國美學史上也是非常罕見的現象。

與蘇軾觀點相同或近似，認為「詩」、「畫」具有同一性，可以「結合」的談論，在宋代就有。孔仲武在《東坡居士畫怪石賦》中說：「文者無形之畫，畫者有形之文，二者異跡而同趣。」張舜民在《跋百之詩畫》中說：「詩是無形畫，畫是有形詩。」黃庭堅在《次韻子瞻、子由題〈憩寂圖〉》中也說：「李侯有句不肯吐，淡墨寫作無聲詩。」明清兩代，持上述觀點的人為數更多，這裏僅舉一例以明之。葉燮在其《赤霞樓詩集序》中說：「昔人評王維之畫，曰：『畫中有詩』；又評王維之詩，曰『詩中有畫』。由是言之，則畫與詩初無二道也。……故畫者，天地無聲之詩；詩者，天地無色之畫。」同

文還說：「畫者形也，形依情則深；詩者情也，情附形則顯。」

　　以上的這些說法，都是把「畫」說成是「無聲詩」或「有形詩」；把「詩」說成是「有聲畫」或「無形畫」。也就是說「詩」與「畫」的區別，在於一個無聲，一個有聲；一個無形（無色），一個有形，但「詩」與「畫」在創造審美意象方面卻是同一的。如果二者相互滲透有機結合，其藝術效果更佳，更具有意蘊的豐富性，即葉燮所說的「形依情則深」之「深」，「情附形則顯」之「顯」。

　　但是毋庸諱言，對於蘇軾的觀點，宋明以來持異議者也大有人在。如其時邵雍在《詩畫吟》中說：「畫筆善狀物，長於運丹青。丹青入巧思，萬物無遁形。詩筆善狀物，長於運丹誠，丹誠入秀句，萬物無遁情。」沈括在其《夢溪筆談·書畫》中也說：「凡畫奏樂，止能畫一聲。」這些說法，強調的都是詩畫的差異性。認為詩與畫是不同的藝術門類，「畫」要在狀物之「形」；「詩」要在狀物之「情」。而且繪畫是一種空間藝術，只能表現一　那間的物態和景物。所以，詩與畫不能混同。

　　由於對蘇軾詩畫結合論的誤解或者懷疑，當時也有人振振有詞地指出詩中的畫，並不一定能畫得出來。如參寥就說：「『楚江巫峽半雲雨，清簟疏簾看弈棋』。此句可畫，但恐畫不就爾！[1]」陳著在《代跋汪文卿梅畫詞》中也說：「梅之至難狀者，莫如『疏影』，而於『暗香』來往尤難也。豈直難而已，竟不可！逋仙得於心，手不能狀，乃形之言。」後來明清之時，董其昌、程正揆等也持這樣的看

1　參見《東坡題跋》卷三《書參寥論杜詩》。

法。

更有甚者，明末清初的張岱，他對蘇軾的「詩中有畫，畫中有詩」之說，不但懷疑，可以說是從根本上持否定和反對的態度。在《琅嬛文集》卷三《與包嚴介》中有一段話講得很絕對也很尖刻。他說：「若以有詩意之畫作畫，畫不能佳；以有畫意之詩為詩，詩必不妙。如李青蓮《靜夜思》詩：『舉頭望明月，低頭思故鄉』。『思故鄉』有何可畫？……王摩詰《山路》詩，『蘭溪白石出，玉川紅葉稀』。尚可入畫。『山路原無雨，空翠濕人衣』。則如何入畫？……故詩以空靈才為妙詩，可以入畫之詩，尚是眼中金銀屑也。」張岱認為只有「空靈的詩，才是好詩」，「可以入畫之詩」都是一些高級垃圾（「金銀屑也」），未免太過武斷和絕對。如果真是這樣，王維的《山居秋暝》、《渭川田家》和《使至塞上》等「可以入畫之詩」，和王維的《藍田煙雨圖》、顧愷之的《女史箴圖》、倪瓚的《漁莊秋霽圖》，以及趙佶的《芙蓉錦雞圖》等皆有詩意之畫，豈不都成了「金銀屑」？

其實，作為詩人兼畫家的蘇軾，寫過那麼多詩，作過那麼多畫，何嘗不知道詩與畫的區別。他主張詩與畫互相滲透，或者說「詩畫本一律」，實在是指在創造審美意象方面的同一性，即要達到「天工與清新」的境界。他在《書鄢陵王主簿所畫折枝二首》中又說：「論畫以形似，見與兒童鄰。賦詩必此詩，定非知詩人。」[2]由是可見，蘇軾強調「畫」要傳神（神似），「詩」要有「鹹酸之外」的美，其意

2　論畫以形似四句：意思是說，以形似來論畫的好壞，這就與小孩子的見解差不多了；寫詩著重詩句的語言而沒有言外之意，那一定是不懂詩為何物的人。

也就是要創造「天工與清新」的意象。

　　蘇軾的詩畫結合論，特別是其中「詩中有畫」之說，影響深入而廣泛，甚至波及境外，得到韓國、日本一些學者的認同和回應，這裏不再贅述。

有餘意之謂韻
——宋代美學中最突出、最廣闊的審美標準

「韻」，最早是指音樂領域的聲韻，魏晉時人們使用「韻」才脫離了原義。如劉義慶《世說新語》便以「韻」論人，說「頎性弘方，愛喬之有高韻」（《品藻》），「阮渾長成，風氣韻度似父」（《仁誕》）。南齊謝赫則將「韻」引入繪畫，在《古畫品錄》中提出了「六法」之首的「氣韻」。而將「韻」用來品評文學的，要首推與鍾嶸同時的蕭子顯。他在《南齊書·文學傳論》中說：「文章者，蓋情性之風標，……放言落紙，氣韻天成。」後來，以「韻」論書畫的逐漸多了起來。但是到了宋代，「韻」的涵義與運用的範圍發生了很大的變化。可以說，在宋代美學中，「韻」已經佔據了非常突出的地位，很多重要的美學家、文學家、藝術家都有許多關於「韻」的論說。而其中最詳盡最具代表性的觀點，便是范溫[1]在其《潛溪詩眼》中提出的「有餘意之謂韻」，及其相關的一系列論述。

書中有一則記敘范溫與王偁（定觀）討論什麼是「韻」的對話。王偁引用黃庭堅的話說：「書畫以韻為主」，又提出了四種具體的解

---

1 范溫：字元實，號潛溪。成都華陽（今四川雙流）人。生卒年代不詳。北宋末年詩人、詩論家。所作《潛溪詩眼》流行於當時，後漸散佚。其佚文後輯入郭紹虞《宋詩話輯佚》中，得二十九則。

說：一是「不俗之謂韻」，二是「瀟灑之謂韻」，三是「生動（傳神）之謂韻」，四是「簡而窮理之謂韻」。但范溫卻逐一予以否定[2]，並提出了「有餘意之謂韻」。

什麼是「有餘意之謂韻」？簡言之，它就像人們聽撞鐘那樣：「大聲已去，餘音復來，悠揚婉轉，聲外之音。」他認為：「凡事既盡其美，必有其韻；韻苟不勝，亦亡其美。」

「韻」是最高的審美標準，離開了「韻」，美也就隨之消亡。

他明確指出：所謂的「韻」，「必也備眾善而自韜晦；行於簡易閒澹之中，而有深遠無窮之味，……測之而益深，究之而益來，其是之謂矣。」「韻」之所以為「韻」，一定是具備了眾善（即文章的巧麗、雄偉、清、深、隱等），而且要含蓄，體現在簡易閒澹之中，又有深遠無窮的韻味。同時測度也好，研究也罷，越深入其內涵越感覺沒有窮盡。這才叫「韻」。

為了說明「韻」與非韻的區別，從而進一步印證他對「韻」的界定，他舉例說：「左丘明、司馬遷、班固之書，意高而語簡，行於平夷（即「簡易閒澹」），不自矜炫，而韻自生。」「陶彭澤（陶淵明）體兼眾妙，不露鋒芒（即「自韜晦」）……夫綺而腴，與其奇處，韻之所從生。行乎質與腴而又若散緩不收者，韻於是乎成。」（意謂韻從詩的綺麗、豐腴、新奇中產生，並通過質樸、枯淡、散緩的外貌而

2　范溫否定王偁關於「韻」的四種說法的理由是：一、「夫俗者，惡之先；韻者，美之極。書畫之不俗，譬如人之不為惡。不為惡至聖賢，其間等級固多，則不俗之去韻遠矣。」二、「夫瀟灑者，清也。清乃一長，安得為盡美之韻乎？」三、「夫生動，是得其神。曰神則盡之。」四、「夫數筆作猥猥，是簡而窮其理。曰理則盡之，亦不必謂之韻也。」

形成）但是，「曹（植）、劉（楨）、沈（約）、謝（靈運）、徐（陵）、庾（信）諸人，割據一奇，臻於極致，盡發其美，無復餘蘊，皆難以韻與之。」

從上述范溫對「韻」所作的闡釋，和舉具體例證不難看出，所謂「有餘意之謂韻」，的確是他評價文學藝術的最高的審美標準，是他對於審美意象的要求和規定。這個規定，要求作品的意象，要「有餘意」，要「行於簡易閒澹之中，而有深遠無窮之味」。符合這個要求的就是有「韻」，就是美。反之，不符合這個要求的，如曹、劉、沈、謝、徐、庾諸家，雖然他們的作品很出色，「割據一奇」，達到了「極致」，但是因為沒有「餘蘊」（即「餘意」），所以不能用「韻」來評價。

這樣一來，所謂的「有餘意」的說法，便與梅堯臣的「作詩無古今，惟造平淡難」、歐陽修的「古淡有真味」、蘇軾的「蕭散簡遠，妙在筆墨之外，……發纖穠於簡古，寄至味於淡泊」等，在內涵上息息相通，不謀而合。甚至可以說，按照范溫的上述闡釋，如此的「韻」就成了概括梅堯臣、歐陽修、蘇軾、黃庭堅等人美學思想的一個重要的美學範疇。

當然，我們之所以說范溫「有餘意之謂韻」的論說，在宋代美學中是最突出最概括的審美標準，原因還在於他把「韻」的運用範圍作出了更寬泛的闡釋和規定。

比如，在界定了「韻」的含義：「必也備眾善而自韜晦，行於簡易閒澹之中，而有深遠無窮之味」之後，他又說：「其次一長有餘，

亦足以為韻。故巧麗者發之於平淡，雄偉者行之於簡易，如此之類是也。」也就是說，如果眾善不備，只有一長，如巧麗或雄偉，只要出之於平澹、簡易，也都可以有「韻」。這便發展了蘇軾關於「韻」的論點，擴大了「韻」的運用範圍。

　　錢鍾書先生在《管錐編》裏說：「因書畫之韻，推及詩文之韻，洋洋數千百言，匪特為神韻說之弘綱要領，抑且為由畫韻而及詩韻之轉捩進階。」又稱，「吾國首拈韻以通論書畫詩文者，北宋范溫其人也。」從中我們可以領會後世學者對「有餘意之謂韻」意義和價值的高度評價。

詞別是一家
——宋元美學中最先把詞從詩中分離出來的文體論

詞，起源於唐代民間，稱「曲子詞」。由於它的句子隨曲調變化而長短不一，所以又叫「長短句」。民間的「曲子詞」後來為文人所接受，並被改造成一種抒情的文學樣式——詞。其間經過晚唐、五代的發展演變，這種文學樣式逐漸成熟。到了兩宋時期，可以說已經是名家輩出，佳作如林了。儘管如此，詞卻仍是一種沒有確切定位的文學樣式。有的說詞是「樂府」，有的說詞是「琴趣」，有的則認為詞是「詩餘」。例如晏幾道在《小山詞自序》中說：「期以自娛…… 得一解即以草授諸兒，吾三人持酒聽之，為一笑樂而已。」認為詞不過是一種自娛和娛人的「笑樂」。蘇軾在《題張子野詞》中說：「子野詩筆老妙，歌詞乃其餘波耳。」是說詩人的主要用力並不在「歌詞」。

在這樣的文學氛圍和時代背景之下，女詞人李清照[1]寫下了《詞論》，並提出「詞別是一家」的著名論斷，顯示了不同常人的魄力和

---

1 李清照（1084-約1151）：南宋女詞人。號易安居士，濟南（今屬山東）人。被尊為婉約派的宗主。所作詞，前期多寫其悠閒的少女、少婦生活；後期多寫悲歡孤寂淒苦的身世。其詞語麗意新，自然流暢，獨標一格。並能詩，情辭慷慨，頗有陽剛之美。後人有《漱玉詞》輯本。今人輯有《李清照集》。

識見。李清照通過對北宋詞壇鳥瞰式的批評，來說明「詞別是一家」的具體內涵。其中她突出強調的是協律、情致和典雅三個重點。

她首先便明確指出：「蓋詩文分平仄，而歌詞分五音，又分五聲[2]，又分六律[3]，又分清濁輕重[4]。且如近世所謂《聲聲慢》、《雨中花》、《喜遷鶯》，既押平聲韻，又押入聲韻；《玉樓春》本押平聲韻，又押去聲，又押入聲。本押仄聲韻，如押上聲則協；如押入聲，則不可歌矣。……乃知詞別是一家，知之者少。後晏叔原（幾道）、賀方回（鑄）、秦少游（觀）、黃魯直（庭堅）出，始能知之。又晏苦無鋪敘[5]，賀苦少重典[6]，秦即專主情致，而少故實[7]。譬如貧家美女，雖極妍麗豐逸，而終乏富貴態。黃即尚故實，而多疵病，譬如良玉有瑕，價自減矣。」

很顯然，李清照強調詞之所以為詞，區別於詩的首要因素，就在於它的音樂性。詞要講「協律」。如本押仄聲韻的，押了上聲韻就協（和諧），如押入聲韻，則不可歌矣。因為在她看來，「詞」本來是歌詞，一首歌詞中的詞能不能唱，要在聲韻。詩呢，它只分平仄，而歌詞則要分五音、五聲、六律和音的清濁輕重。這就充分說明詞是一種音樂文學，是不同於詩的一種獨立的文體。

其次，通過對晏幾道、賀鑄、秦觀和黃庭堅四位著名詞家作品的

2　五音與五聲：五音：指古代五聲音階中的宮、商、角、徵、羽五個音級。古時也稱五聲。但此處五聲，是指陰平、陽平、入、上、去五聲。

3　六律：是古代樂律中十二律呂的簡稱。其中，黃鐘、太簇、姑洗、蕤賓、夷則、無射為六律；大呂、夾鐘、中呂、林鐘、南呂、應鐘為六呂。

4　清濁輕重：指發聲時送氣與否、帶音與否等原因造成字聲的陰陽之差。清、輕的字是陰聲；濁、重的字是陽聲。

5　鋪敘：指文學創作中的鋪墊和詳細的敘述。

6　重典：重要的典故。即文學作品中引用古書裏有重要意義的故事和詞句。

7　秦即專主二句：是說秦觀的詞致力於婉約的審美情趣和興致，但是卻缺少有歷史意義的事實。

評論，她還標舉了詞之為詞在創作上的四條審美標準：即鋪敘、重典、情致和故實。但是我們知道，所謂的鋪敘、重典和故實，都是屬於創作手段和藝術技巧，與詩並無多大的區別，而「情致」則不同，它是指作者的審美情趣和意態，是詞作的核心和靈魂。在李清照所處的時代，詩言志、詞緣情已經成為人們的共識。李清照自己也曾說：「詩言志，詞抒情。」所以，一首詞當中，「情致」的有無，表現的強弱、剛柔，成為與詩區別的一個重要標誌。

當然，所謂的「詩言志，詞抒情」並不是說詩就不能抒情，詞就不可言志。但是正如張炎在《詞源》裏所說的：「詞之體如美人，而詩則如壯士」，李清照所謂的「志」，是指壯士胸中的豪情壯志，而詞所抒的「情」，則是女性所特有的婉約柔情。這一側重點，我們從她的創作實踐中，也看得最為明顯。

例如南渡前期她寫的《如夢令》：「昨夜雨疏風驟，濃睡不消殘酒。試問捲簾人，卻道海棠依舊。知否，知否？應是綠肥紅瘦。」這一惜己青春已逝，不再復返的情懷，表現得是何等的含蓄、淒婉而又柔美。

南渡後她寫的《聲聲慢》：「尋尋覓覓，冷冷清清，淒淒慘慘戚戚……梧桐更兼細雨，到黃昏，點點滴滴。這次第，怎一個愁字了得！」這更是將其歷遭喪亂、夫亡家破、孤寂無奈的悲情愁緒，描寫得淋漓盡致，淒婉幽柔！

可是她寫作的詩呢，卻大不一樣。如著名的《夏日絕句》：「生當作人傑，死亦為鬼雄。至今思項羽，不肯過江東。」和她避難流寓

金華時所說的《題八詠樓》：「千古風流八詠樓，江山留與後人愁。水通南國三千里，氣壓江城十四州。」其憂國之情，寫得又是何等的強烈，何等的慷慨激昂！

這一切都是她「詞別是一家」之論，在創作實踐上的具體體現；同時也與她對「詩言志，詞抒情」的理解有著密不可分的關係。

此外，在《詞論》中，李清照通過對當時「大得聲稱於世」的柳永《樂章集》的批評：「雖協音律，而詞語塵下」，從反面展示了她認為詞應有高尚雅正之風，不該有低級庸俗之語的主張。這對後世詞壇的影響，也是非常之大的。特別是她的創作實踐一直貫徹了她的這一主張，因而更是得到了後人高度的肯定和讚譽。比如陳廷焯在《白雨齋詩話》中說：「李易安詞能脫盡閨閣氣」，而陳繼儒在《太平清話》中說她的詞「倜儻丈夫所」，吳景旭《歷代詩話》說她的《醉花陰》「無一字不秀雅」等，都是如此。

陳師道在《後山詩話》裏說：「子瞻（蘇軾）以詩為詞，如教坊雷大使之舞。雖極天下之工，要非本色。」吳曾在《能改齋漫錄》中引晁補之所說：「黃魯直做小詞，固高妙，然不是當行家語，是著腔子唱好詩。」這都與李清照《詞論》中強調「協律」，反對以詩為詞的觀點是完全一致的。那麼什麼是詞的「本色」和「當行家語」呢？按李清照的說法，其實很明確，那就是所謂的協律、情致和典雅。也就是說詞之所以為詞，不僅要能配樂歌唱，而且還要唱出作者心中高雅的情趣和意態，這才叫詞。

總之，李清照提出「詞別是一家」的論斷，並標舉了協律、情致

和典雅等詞的審美特徵，為將詞從詩的母體中分離出來，成為一種獨立的文體奠定了理論基礎，對其後詞的發展其意義和影響都非常之大。

以禪喻詩
——宋元時期一種極具直覺特徵的詩學理念

　　以禪喻詩之說，語出嚴羽[1]《詩辨》：「大抵禪道惟在妙悟，詩道也在妙悟。」「故予不自量度，輒定詩之宗旨，且借禪以為喻。」但是實際上以禪喻詩、論詩最早始於唐人，而盛於宋代，並非嚴羽首創。如在他之前，范溫在《潛溪詩眼》中便講過：「識文章者，當如禪家有悟門。夫法門百千差別，要須自轉語悟入。如古人文章，直須先悟得一處，乃可通其它妙處。」不過，他講的僅是鍊詞作意的功夫。後來江西詩派談「悟」的人也不少，如以做《江西詩派圖》而著名的呂本中說過：「作文必要悟入處，悟入必自功夫中來，非僥倖可得也。如老蘇之於文，魯直之於詩，蓋盡此理也。」但這也沒有跳出以技法論詩的窠臼。而嚴羽以禪喻詩，不僅汲取了前人的論見，而且抓住了禪道和詩道的共同點「妙悟」，從思維方式到審美理想都給予了充分的闡發，從而發展形成了一種極具直覺特徵的、「通禪於詩」的詩學理論。

1　嚴羽：南宋文藝理論批評家。生卒年代不詳。字儀卿、丹丘，號滄浪逋客。邵武（今屬福建）人。生活在南宋後期，宋末隱居不仕。論詩推崇盛唐，重視詩歌藝術特徵和其規律，反對宋詩散文化、議論化，對明清兩代詩歌理論頗有影響。也能詩。有《滄浪集》等。

比如在藝術思維的特徵方面，他在《詩辨》中明確指出：「大抵禪道惟在妙悟。詩道亦在妙悟。且孟襄陽學力下韓退之遠甚，而其詩獨出退之之上者，一味妙悟故也。惟悟乃為當行[2]，乃為本色。」

　　這就是說，禪學的原理只在於妙悟，詩學的規律也在於妙悟。所以「論詩如論禪」，禪學和詩學在妙悟這一焦點上，是相同相通的。那麼什麼是禪道的「妙悟」呢？在佛家看來，佛理常「以心傳心」，是「不立文字」，不可言傳的。禪宗六祖慧能曾講過：「諸佛理論」要「道由心悟」。「心悟之要」在於「悟本性，或悟自性」。「若識自性，一悟即至佛性。」因此，只要「悟自性」，即認識到本身固有的佛性，就可以進入悟境，立地成佛。可見所謂的「悟」，是一種不同於正常的認識能力和途徑，是一種不涉理性思維，不要文字表達的直覺或心靈感悟。

　　而嚴羽的「詩道亦在妙悟」之說，則是講詩歌創作（含欣賞）所獨具的審美特徵和藝術規律。所謂「妙悟」，是指心領神會的飛躍，是對於學詩經過長期刻苦「熟讀」、「熟參」之後的豁然開朗。這樣的「妙悟」，「不涉理路，不落言荃」。因此詩道與禪道都不同於理論的論證，邏輯的推理和學識的堆積，在心領神會和不重文詞方面二者是完全一致的。

　　為了論證上述觀點，他將「學力」和「妙悟」加以對比。他說孟浩然讀書窮理的功夫比韓愈差得很遠，但是他的詩卻超出韓愈之上，原因就在於他「一味妙悟」，即充分運用了形象思維之方，抓住了心

2　當行：內行的一種說法。

領神會這一審美特徵和詩歌藝術的內在規律。並且因此得出結論說，只有掌握了妙悟思維方式的詩人才是真正的內行，創作出來的作品才有詩歌的本來特色。這就更加明確地指出了形象思維和邏輯思維的區別。

既然「妙悟」對於詩的創作和欣賞是如此的重要和必須，那麼，怎樣才能練就妙悟的功夫呢？他指出，由於「悟有深淺，有分限[3]」，其中有「不假悟」[4]、「透徹之悟」[5]和「一知半解之悟」[6]的分別，因此要步入「悟境」進而真正掌握妙悟之方，那就「功夫要從上做下，不可從下做上。先須熟讀《楚辭》，朝夕吟詠以為之本；及讀《古詩十九首》，樂府四篇，李陵、蘇武、漢魏五言皆須熟讀，即以李、杜二集，枕藉觀之，如今人之治經，然後博取盛唐名家，醞釀胸中，久之自然悟入」。

這裏所謂的「工夫須從上做下」就是要「以盛唐為法」、「學其上，僅得其中；學其中，斯為下矣」之意。這段話的主要意思，是在熟讀或者「熟參」各個時期的佳作名篇之後，在胸中進行醞釀體會，久而久之自然也就走入了悟門。

在反覆闡述和論證了「妙悟」是理解和創造詩歌審美意境的獨特的思維方式之後，嚴羽從其審美理想又提出了以禪喻詩的興趣說。「興趣」和「別趣」基本上是同一概念，所以我們來看《詩辨》中的

3　分限：天分的高低。
4　不假悟：假：憑藉。不假悟是說連心領神會的「悟」也不須憑藉，達到自然高妙的境地。這裏指的是漢魏詩歌（「漢魏尚矣」）。
5　透徹之悟：悟得徹底。這是指「謝靈運至盛唐諸公」。
6　一知半解之悟：指「晚唐之詩」。如聲聞乘、辟支果乘，均屬禪宗裏悟性很淺的小乘。

一段著名論述：

「夫詩有別才，非關書也；詩有別趣，非關理也。然非多讀書，多窮理，則不能極其至。所謂不涉理路，不落言荃者，上也。詩者，吟詠情性也。盛唐諸人惟在興趣[7]，羚羊掛角[8]，無跡可求。故其妙處，透徹玲瓏，不可湊泊，如空中之音，相中之色，水中之月，鏡中之象，言有盡而意無窮。」

這裏，所謂的「詩有別材」、「詩有別趣」，顯然是針對「近代諸公」[9]「以文字為詩，以才學為詩，以議論為詩」的風氣，而提出來的詩學主張。「詩有別材」，是說做詩有特別的一種才能（才能，指妙悟的能力），這種才能與書本（知識）無關，所以不是有了才學就可以做詩。「詩有別趣」，則是說寫詩有另外的一種意趣，即詩歌意象所包含的那種為外物形象直接觸發、感發的審美情趣。這種情趣也就是「興趣」，它不關乎說理。以理論說教、堆積事例寫的詩，背離了創作的藝術規律，也就沒有「詩的別趣」了。

他明確指出，詩歌的本質是「吟詠情性」，即抒發詩人內心的情感。盛唐時期，許多詩人都追求詩歌意象所包含的那種為外物形象直接感發的審美情趣，就像羚羊把雙角掛在樹上棲息，讓人找不到它的蹤跡那樣，所以它的妙處透徹精巧，渾然天成，意蘊難以指實，就如水月鏡花一般，言有盡而意無窮。

7　興趣：這裏的「興」與「賦」、「比」、「興」的「興」是有聯繫的。「興」就是感興、觸興或感發的意思。是言外物形象直接感發詩人內心的情感。故「興趣」，即詩歌意象所包含的那種為外物形象直接感發的審美情趣。
8　羚羊掛角：傳說羚羊夜眠防患，以角懸樹，足不著地。此處以「羚羊掛角」喻意境超脫，不著形跡，無跡可尋。
9　近代諸公：指黃庭堅及其後學，江西詩派。

概而言之，嚴羽的「以禪喻詩」之說，從原理到方法，從創做到鑒賞，都作出了充分的闡述。並且以「妙悟說」為主幹，建立了他獨特的美學思想體系，對南宋詩壇產生了很大的影響，起到了補偏救弊的作用，其意義不可小視。對此，錢鍾書先生高度評價說：「滄浪別開生面，如驪珠之先探，等犀角之獨覺。……不僅以學詩之事，比諸學禪之事，並以詩成有神，言盡而味無窮之妙，比於禪理之超絕文字。他人不過較詩於禪，滄浪遂通禪於詩。」（《談藝錄》）

我們認為，嚴羽的詩學理念汲取了司空圖《詩品》的美學精華，著重闡述了詩歌內部的規律，把「興趣」、「情性」、意境，作為其追求的審美理想，要求詩歌藝術應捕捉並創造那種可以意會而不可言傳的情趣和意象。他所說的空際中的聲音，圖畫中的色彩和水中的月亮，鏡子裏的形象，其實也就是司空圖在《詩品》中講的「象外之象，景外之景，味外之旨」。

我們也無須諱言，由於嚴羽認識不到詩歌藝術的源泉是豐富多彩的現實生活，因而在論述獲得妙悟思維的途徑和方法上，僅僅強調要從歷代作品中去「熟讀」、「熟參」，認為在胸中醞釀，久之便自然悟入，這就完全脫離了生活，明顯地有著極大的片面性。所以郭紹虞先生說他「知宋詩之弊，而不知其弊之所自生，依舊欲在純藝術論上，攻擊宋詩純藝術的傾向」，這話是很中肯的。

哀樂之真，發乎情性
——金元時期最具時代特徵的真美觀

以真為美，以真為貴之說，早在莊子的《漁父》篇中就已經談到過。莊子說：「真者，精誠之至也」，是「受於天」，「自然不可易也」。莊子說「法天貴真」，其主旨依然是以「自然無為」為美。到了東漢，王充在《論衡》裏講「疾虛妄，求實誠」，即「事」要實，「理」要真，反對一切的「虛妄」之說。可是他從實誠之「真」出發，在否定「虛妄」的同時，卻連藝術中的「誇張」也一併給否定了。至於劉勰在《文心雕龍·情采》中提出的「要約而寫真」的主張，其中心思想也只是強調「酌奇而不失其真」，「玩華而不失其實」（《文心雕龍·辯騷》）。說的是藝術創作，不能違背真實性的原則。此外，五代時期荊浩提出過「度物象而取其真」的命題（《筆法記》），宋代張戒在《歲寒堂詩話》中提出過「其情真」的審美標準。二者都是強調藝術創作要表現作者的真情性，真襟抱，要真實地反映現實的客觀世界。

到了金代王若虛[1]，他將先前的主真、貴真之說加以繼承和發

1　王若虛（1174-1243）：金文學家，字從之，號慵夫，入元後自稱滹南遺老。?城（今屬河北省）人。金章宗二年承安進士，歷任各種官職，直至入為直學士。金亡不仕，北歸隱居鄉里。所著《滹南遺老集》，共四十五卷。

揮，提出了「哀樂之真，發乎情性」、「文章唯求真是而已」和「文章自得方為貴，衣缽相傳豈是真？」[2]等一系列主真求是的主張，以之來反對其時文壇盛行的追奇逐險，脫離現實的形式主義之風，以及過分強調「無一字無來處」和「點鐵成金」[3]的模擬襲古傾向，這就使得他「要皆出於自得」的真美之論，既有別於歷代各家的論說，也具有了極其鮮明的時代特徵。

比如在《滹南詩話》上卷裏他說：「郊寒白俗[4]，詩人類[5]鄙薄之，然而鄭厚評詩[6]，……雲樂天如柳蔭春鶯，東野如草根秋蟲，皆造化中一妙也。何哉？哀樂之真，發乎情性，此詩之正理也。」這是說，雖然孟郊的詩歌寒瘦，白居易的詩歌輕俗，一般的詩人大都看不起，但是鄭厚卻認為白詩如「柳蔭春鶯」，孟詩如「草根秋蟲」，他們發出的「鳴」、「叫」，都是造化自然中一種美妙的聲音。為什麼呢？因為悲哀和歡樂之情的「真」，都是產生於人的本性，是「從肺肝流出」來的真情實感。抒寫這種真情才是詩歌創作正確的道路。很明顯，王若虛借駁斥人們對孟白詩歌的鄙薄，將「哀樂之真，發乎情性」提到了「詩之正理」的高度。

而且他還認為，自古以來的詩人，雖然他們的審美趣味不同，體

---

2 文章自得二句，見《論詩詩》之四：「文章自得方為貴，衣缽相傳豈是真？已覺祖師低一等，紛紛法嗣復何人？」是說詩文創作只有來自自己獨特的審美體驗，才是最可珍貴的，師徒承傳的東西，哪裏算得上真呢！既然感到祖師爺已經低人一等，為何還紛紛去爭作繼承衣缽的門人呢？法嗣：禪宗稱繼承衣缽的弟子為法嗣。

3 點鐵成金：出自黃庭堅《答洪駒父書》：「古之能為文章者，直能陶冶萬物，雖取古人之陳言入於翰墨，如靈丹一粒，點鐵成金也。」王若虛在其《詩話》中批評道，「魯直（黃庭堅）論詩，有奪胎換骨，點鐵成金之喻，世以為名言，以予觀之，特剽竊之點者耳。」

4 郊寒白俗：郊：孟郊。白：白居易。本於蘇軾「元輕白俗，郊寒島瘦」之說。

5 類：大都。

6 鄭厚評詩：指宋代文學家鄭厚在其《藝圃折衷》裏的一段評論：「李謫仙詩中之龍也，嬌嬌焉不受約束。杜（甫）則麟遊靈囿，鳳鳴朝陽，自是人間瑞物……孟東野（郊）則秋蟲草根，白樂天（居易）則春鶯柳蔭，皆造化之一妙。餘皆象龍刻鳳，雖美無情，無取正焉。」

裁各異，但那些優秀的作品，「要皆出於自得」（《詩話》下）。所以在批評黃庭堅及其門人時，他又說：「文章自得方為貴，衣鉢相傳豈是真。」（《論詩詩》之四）可見，在王若虛心目中，「自得」才是詩文創作最可珍貴的必要前提，是其主真求是之說的核心，而那些師徒承傳下來的東西，實在是談不上「真」的。這的確是他對歷代各家真美論說的繼承和重大的發展，也是對當時金代詩壇盛行模擬奇異險怪詩風的有力抨擊，其作用和影響都是非常之大的。

既然如此，那麼什麼是「自得」？什麼又是其追求的「真」呢？

我們根據《滹南詩話》裏王若虛對蘇軾、杜甫等人的推崇，和對黃庭堅以及江西詩派的批判便不難發現，所謂的「自得」，首先是指詩人的創作是有感而發的，自然生成的。它憑藉的是詩人自己的審美體驗、心得和積纍，而非模擬承襲或拾人牙慧。其次由於他在《論詩詩》中，將「文章自得」和「衣鉢相傳」兩相對舉，因而「自得」顯然又有突破陳規、強調獨創的意思。這一點十分可貴，也非常精闢。因為只有獨創性是藝術的生命力，離開了這一點，什麼樣的詩歌，也只能是曇花一現，絕不可能流傳久遠。

至於所謂的「真」，一是指「情性之真」。也就是他說的「哀樂之真，發乎情性」，是指詩人「從肺肝中流出」的真情實感。二是指「事物之真」。也就是「文章唯求真是而已」的「是」（《文辯》），是說詩歌創作，無論敘事還是狀物，都必須真實地反映客觀現實。如果「不求是而求奇，真偽未知，而先論高下」，那就只能是自欺欺人。由此可見，王若虛反覆強調的「自得」的真美之論，是詩人情感的主

觀真實性與現實世界客觀真實性的統一。

當然，要達到詩歌之「真」的境界，也是很不容易的，故而在《滹南詩話》上卷，他又提出了兩點非常必要的論見：

一、在內容和形式上，即如其舅父周昂論詩所言：「文章以意為之主，字語為之役。主強役弱，則無使不從。」就是說，在形式和內容的關係上，詩文的創作應當讓「意」（內容）起主導作用，以意來統率字語（形式），字語便「無使而不從」（讓它幹什麼就幹什麼）。反之，倘若「驕其所役」，或「反役其主」（主役顛倒），那就像一些「不求真而求奇」，專以模擬古人、尋搜僻典為能事的詩人那樣，在字語上「雕琢太甚，則傷其全」[7]。這些「工其外而拙其內」的作品，也就無「真」可言了。

二、在形與神的關係上，他認為：「論妙於形似之外，而非遺其形似；不窘於題，而要不失其題。」就是說，論畫之美在形似之外，而不是不要形似；論詩之美不要拘泥於題，而又要不離其題。我們也知道：一方面，他十分贊同蘇軾的觀點，反對「空陳形似」；另一方面，他又強烈要求作者，不能「遺其形似」，要「不失其題」。這就充分說明王若虛對形神關係的理解是辯證的，是高度統一的。所以他又說，一個作者如果「不本其實」（即「不求是而求奇」），「無得於心」（即非「自得」之作），「賦詩者茫昧僻遠，按題而索之[8]，不知所謂」，那麼，他寫出來的詩歌就失去了「真」，更談不上美，真可謂

---

7 雕琢二句：見《滹南詩話》上卷：「雕琢太甚，則傷其全。經營過深，則傷其本。」「全」與「本」均言其「真」。句意是說過分雕琢，追求字語的新奇，就會傷了詩歌的真美。
8 茫昧二句：茫：迷蒙、模糊。昧：昏暗、迷亂。是說立意未清，構思尚暗，就依照題目去寫作。

「亦自欺而已矣」。

　　王若虛在《滹南詩話》和《論詩詩》中提出的以「自得」為核心內涵的「哀樂之真，發乎情性」之說，以及所謂的「文章以意為之主」，賦詩「不窘於題，而要不失其題」等主真求是的主張，雖然是針對當時「不求真而求奇」、「不求當而求新」的形式主義，和模擬奇異險怪詩風而提出來的革新主張，是那個時代藝術發展在理論上的必然產物，但它的影響卻能夠超越時代，波及後世，對明代李贄的「童心說」，湯顯祖的「唯情說」的出現，都起到了一定的啟示或直接的推動作用。所以《四庫全書總目提要》評論說：「金元之間學有根底者，實無人出若虛之右。」《四庫簡目》卷七十五又指出：「其論文宗蘇軾而不取韓愈，論詩宗杜甫而不取黃庭堅，蓋主於浩浩直達，而不尚剝削鍛鍊也。」這些都是非常中肯，十分切合實際的評價。

「逸筆草草」與「寫胸中逸氣」
——宋元書畫美學中最具表現特徵的繪畫理念

　　我們知道，古典主義和現實主義的繪畫，都是以再現或偏重於再現的藝術手法來進行創作的。在中國，從《左傳》王孫滿「鑄鼎象物」、「使民知神奸」論點的提出，到五代荊浩的「六要」、「二病」[1]之說，差不多在藝術手法上都強調重形、寫實和逼真，在藝術功能上則出於「成教化，助人倫」[2]或勸誡賢愚的考量。但到了宋代，這種情形卻發生了重大的變化，即開始了由再現到表現的審美向度的轉換。最初，是蘇軾「論畫以形似，見與兒童鄰」，「文以達吾心，畫以適吾意」之論引起了一大批文人、畫家的共鳴，很多人都把形似看作為「畫家末事」，甚至陳鬱在其《說郛》中還提出了「寫其形，必傳其神；傳其神，必寫其心」的「寫心」之說。到了元代，中原易主，漢人和「南人」均備受歧視，知識分子的遭遇也極其不幸。其時，文人畫更加成熟，本身就具有表現特徵和感情色彩的詩詞、書

法，也融入繪畫之中，因而在繪畫理論上又出現了錢選的「士氣說」[3]，吳鎮的「適興說」[4]和湯垕的「寫意說」[5]。不過，這些說法只是強調繪畫不應拘泥於形似，要適畫家之「興」，寫畫家之「意」。

到了倪瓚[6]這裏，他提出的「逸筆草草」與「寫胸中逸氣」之說，則是將主體的心境、情感和體驗的表現提到了最首要的位置，並且將繪畫之「逸」，從對作品風格的品評，擴展成為一種創作心態和精神境界。這就不但衝破了「成教化，助人倫」、「勸誡賢愚」等傳統觀念的束縛，而且在內涵上，也大大超出了「士氣」、「適興」諸說的範疇。所以我們說倪瓚的這一以託物抒懷為中心的「逸氣說」，是宋元書畫美學中最有代表性，最具表現特徵的繪畫理念。

如在《答張仲藻書》中他說的：「僕之所謂畫者，不過逸筆草草，不求形似，聊以自娛耳。」他所謂的畫，不過是簡約的鉤劃點染，並不追求形象的逼真。因為他認為繪畫的目的，不在於「懲惡揚善」、「勸誡賢愚」，而是為了自己娛樂。可見他說的「逸筆」，與一般所謂的「減筆劃」對線條的刪繁就簡不同，它是為「自娛」和「寫胸中逸氣」服務的。這種「逸氣」是「草草」（草率簡約）的筆墨。

3　士氣說：錢選的繪畫主張。見董其昌《容臺集》記述：「趙文敏問畫道於錢舜舉（即錢選），何以稱士氣？錢曰：『隸體耳。畫史能辨之，即可無翼而飛，不爾便落邪道，愈工愈遠；然又有關捩，要得無求於世，不以毀譽撓懷。』」意思是說文人畫一是作畫要以書法用筆，二是要有文人那樣清高的品格（「不以毀譽撓懷」）。

4　適興說：吳鎮提出的繪畫功能說。認為「墨戲之作，蓋士大夫詩翰之餘，適一時之興趣」。意思是說繪畫是一種墨墨的遊戲，是士大夫們的「詩之餘」，目的是為了人們一時的興趣。

5　寫意說：湯垕在其《畫鑒》中提出的藝術主張。要點是：「花卉之至清，畫者當以意寫之，初不在形似耳。」又說：「高人勝士寄興寫意者，慎不可以形似求之。」其實這就是要求神似，有「得意忘形」之意。

6　倪瓚（1301-1374）：元代傑出畫家、書法家、詩人。字元鎮，號雲林。無錫梅裏鎮（今屬江蘇）人。倪瓚家族為江南豪富，但其一生未曾做官。四十歲前過著富裕而「風雅」的名士生活。後半生二十多年中則因社會動盪，疏散家財，遊蕩在太湖四周一帶，過著閒適隱逸歲月。倪瓚善山水、竹石。早年拜董源為師，後又師法荊浩、關仝。畫法墨色清淡，常用側鋒，以乾而帶毛的「渴筆」作折帶皴，自創構圖的上中下三段式。著有《雲林詩集》、《清閟閣全集》。

在技法上屬於「寫意」，而不是「工筆」；在內涵上，與黃休復《益州名畫錄》中為「逸格」所作的界定（「筆簡形具，得之自然」）是一脈相承的。這種崇簡的「逸筆」，實際上是道家尚簡精神的一種反映，也是倪瓚「據於儒、依於道、逃於禪」思想修養的必然產物[7]。而他所謂的「不求形似」，則是他悟出的繪畫真諦：超越形似，以有限的筆墨，寫無限的意趣，即他在《為方崖畫山就題》一詩中所寫的：「墨池挹涓滴，寓我無邊春。」

倪瓚在《題自畫墨竹》中又說：「余之竹聊以寫胸中逸氣耳。豈復較其似與非，葉之繁與疏，枝之斜與直哉！或塗抹久之，他人視以為麻、為蘆，僕亦不能強辯為竹，真莫內覽者何。」這就更加突出強調繪畫的藝術功能，是為了表現畫家的主觀心境和思想情感，因為在畫家筆下，竹的是與非，竹葉的繁與疏，竹枝的斜與直都不再重要，唯一重要的是要寫出「胸中逸氣」。可見畫家對主觀情致表現的追求是何等的執著和專一。

但是，我們認為，倪瓚畫論所體現的表現特徵，並不像有些人認為的那樣屬於表現主義。這主要由於：一、他所謂的「逸筆草草」，只是說筆墨草率簡約，是一種寫意的筆法，而非故意對摹寫對象的變形。二、他所謂的「寫胸中逸氣」，強調的更多的是對現實的超越，或至高審美境界的體驗，而不是像表現主義那樣，更多的是對世界的恐懼。所以不能認為「逸氣說」是表現主義的，更不能說倪瓚是個表現主義者。

---

7 倪瓚父早喪，從小得長兄撫養。長兄倪昭奎是道教上層人物，給倪瓚請的家庭教師王仁輔又是道教的「真人」。故受其影響，倪瓚青年時期就信奉道教。後來他又信奉禪宗，加之他從小就讀孔孟，因此在他的藝術思想中早就將儒釋道三教融匯到了一起。說他的「逸筆」是「據於儒，依於道，逃於禪」的必然產物，原因也在於此。

既然如此，那究竟什麼是「逸氣」呢？

　　「逸」的本義是逃，是隱逸。《正字通》曰：「逸，隱遁也。」先秦時期，就有了所謂的「逸民」，如《論語》中記載的長沮、桀溺、荷蓧丈人等，便是孔子遇到的超脫「濁世」的隱者。後來《莊子》、《世說新語》在提到「逸」時，往往都與超、高、清、放等語彙相聯繫，即所謂的「超逸」、「高逸」、「清逸」和「放逸」，都含有超脫塵世的意思。

　　但倪瓚的「逸氣」卻具有明顯的時代特徵。也就是說他的「逸氣」是元代文人畫家在異族的統治和壓抑之下，企圖徹底超脫歸隱山林，從而不受世俗欲念所役的那種「清逸」、「高逸」的生活氣質和精神境界。這一點在他的詩詞或繪畫作品中有很多的反映。在一首題為《素衣詩》的《序》中，他說：「素衣內自省也，督輸官租，羈縶憂憤，思棄田廬，斂裳宵遁焉[8]。」說他實在受不了官府的敲詐侵淩，不願受官差栓捆拘禁的侮辱，才不得已拋棄了田地房產，隱遁江湖，做了個隱逸之士。他曾作《人月圓》一詞：「傷心莫問前朝事，重上越王臺。鷓鴣啼處，東風草綠，殘照花開。悵然孤嘯，青山故園，喬木蒼苔。當時明月，依依素影，何處飛來。」短短四十八字，便將異族壓抑之悲，故國興亡之歎，和身世飄零之慨，統統傾瀉無遺。這更加說明倪瓚的「逸氣說」並非一般意義上的主觀表現，其意蘊所向，除了上述超脫塵世的情態之外。確實也還有那個時代給人內心深處帶來的憂憤、哀傷和無奈之「氣」存在。不然，傅抱石何以在

8　督輸官租四句：督：督促。輸：繳納。租：田賦。督輸官租即督促繳納官府的土地稅（田賦）。羈：馬籠頭、束縛、繫住。縶：拴捆、拘囚。意思是說繳不起官府的賦稅，官府就要拴捆、拘禁起來。因此他受不了這種侮辱，這才「思棄田廬，斂裳宵遁」，也就是說他這才想到拋棄田地房產，收拾衣物趁黑夜逃走，隱匿江湖。

《從顧愷之到荊浩之山水畫史問題》一文中說到：「雲林大癡，筆墨間更具有一種憤慨之真氣。」

倪瓚的理論在自己的繪畫實踐中是如何體現的呢？我們只要看看他的代表作品，答案自會找到。

《漁莊秋霽圖》是他的代表作，「三段式」的構圖，也是他的獨創。畫中上段是遠景，僅畫了幾座平緩透迤展開的山巒；中段中景不著一筆，可視之湖面；下段近景，只有坡石上的六株無葉枯樹。畫中的景物，不論遠近，均以寫意的乾筆淡墨皴擦（包括他的折帶皴）。草草逸筆，信手畫來，一幅江南漁莊的秋景躍然紙上，竟然有明淨、疏朗的效果，和一種空寂、荒寒的意境。畫中還題了一首五言詩，其中「江城風雨歇，筆研晚生涼。囊楮未埋沒，悲歌和慨慷」中透出的「涼」「悲」感慨，正是對此畫的很好闡釋。其它如《梧竹秀石圖》中描繪的「梧如遇雨竹搖風[9]」，表現的也是一種孤涼、幽怨和遠離塵世的哀傷心緒，《幽澗寒松圖》、《六君子圖》所表現的清高孤傲之氣，其實都是畫家在寫自己胸中的「逸氣」。這些都說明倪瓚的理論和實踐是統一的，二者相得益彰，相輔相成。

概而言之，倪瓚「逸筆草草」與「寫胸中逸氣」之說的問世，不僅擴展了人們的藝術視野，打破了晉唐以來「成教化，助人倫」的傳統觀念，同時還開創了與宋代畫院體精工細密不同的疏簡清逸的文人畫新風，豐富了傳統山水畫的藝術表現程序，對後世文人畫的發展，起到了承前啟後的歷史作用。

---

9 梧如遇雨句：乾隆在《梧竹秀石圖》上題跋：「梧如遇雨竹搖風，石畔相依氣味同。數百年來傳墨戲，展觀濕潤鎮濛濛。」

明代董其昌在其《畫眼》中對倪瓚作了極高的評價：「元之能者雖多，然秉承宋法。……獨雲林古淡天然，米顛後一人而已。」之後，其影響更是與日俱增，其藝術主張和畫技畫風為明清兩代畫家、藝術家（如惲格、弘仁、漸江、石濤，以及李日華、湯顯祖等）所普遍推崇效法和繼承發揮。「清初四王」認為倪瓚的繪畫為「四家第一逸品」，乾隆皇帝也說：「元四大家，獨雲林格逸尤超。」

　　時至當今，中國美術界、學術界研究倪瓚繪畫藝術的人越來越多，甚至波及日本和美國。英國大不列顛百科全書更把倪瓚列為世界文化名人，一個中國古代畫家，他的影響終於達至世界。

明清時期

吾師心，心師目，目師華山
——明清書畫美學中極其辯證的師從觀

　　前面談到，宋元時期自蘇軾提出「論畫以形似，見與兒童鄰」說法後，引起了一大批文人畫家的共鳴，很多人如陳鬱、湯垕、劉敏中等，都把形似看作為「畫家末事」。特別是後來出現了倪瓚的「逸筆草草，不求形似」之說，加之湯垕又提出了「高人勝士寄興寫意者，慎不可以形似求之」的告誡，因此，有元一代的山水畫家紛紛趨向簡率、寫意，甚至重神韻而輕形似竟成了一種時代風尚。到了明代，由於明初宮廷畫院的恢復，眾多宮廷畫家均以供奉內廷之須為其服務宗旨，加上其時政治因素的影響，如明初科舉考試，文章規定字數，而且要求只能「代古人語氣為之」（《明史·選舉制》），因而宮廷畫院內外，掀起了一股師古、襲古之風。

　　但是，就在這個繪畫發展的轉捩點上，在輕「形」、模擬之風充斥畫壇之際，卻出現了一種重形似而不輕「表現」，內容涵蓋「師心」、「師古」、「師造化」於一體的繪畫理念。這就是王履[1]在其《華

1　王履（1332-約1402）：字安道，號畸叟，又號抱獨老人。崑山（今屬江蘇）人。元末明初的著名醫生、畫家、繪畫理論家。他善詩畫，長於山水，畫法師從夏圭、馬遠。洪武十六年（1383）秋創作的《華山圖》，「畫得天外三峰高奇曠奧之勝」（《名畫錄》），為王履現今存世的唯一作品。共四十幅，加上記序、詩、跋共六十六頁合而為《華山圖冊》。今分藏於北京故宮博物院和上海博物館。

山圖序》中提出的「吾師心，心師目，目師華山」的觀點。

如何認識這一觀點？從字面上看，「師」是師從、效法，可引申為憑藉、依賴。「心」指心思、情意和審美理想。「目」為眼睛，這裏指眼睛對外界事物觀察所獲得的審美經念。「華山」為自然景物之代稱，泛指造化。這句話是說畫家要效法、表現的是自己的心思、情意或審美理想（「吾師心」），但「心」不是第一性的東西，「心」要依賴於審美經驗（「心師目」）；而審美經驗則要師法造化萬物（「目師華山」）。可見，「師心」、「師目」和「師華山」，三者是相互關聯密不可分，而又以「師華山」為旨歸。

我們若再從《華山圖序》中闡述的深層意蘊來看的話，其內涵就並非字面含義那麼簡單。

例如他說：「畫雖狀物，主乎意，意不足謂之非形可也。」這是說，繪畫作品雖然是描繪外界景物的，但卻必須以畫家的心思、情意作為主導。如果這種心思情意缺乏（「意不足」），那就不能成其為藝術形象。在這一點上「主乎意」與「吾師心」是相似、相通，兩相呼應的，這句話可視為對「吾師心」的詮釋和說明。

只是其闡釋並未到此為止。他接著又說：「雖然，意在形，舍形何所求意？故得其形者，意溢乎形，失其形者形乎哉！」這裏的意思更加明白，繪畫作品雖然要「主乎意」，可是，「意」和「形」是和諧統一相互依存的關係，失去了一方，另一方就不能存在。看到了「意」對於「形」的主導作用，還應當認識到「意」是寓於形象之中的（「意在形」），失去了「形」，「意」也就無處可求。創造了藝術

形象，畫家的意向，或審美理想便充溢於形象之外。若形象不成功，意向或審美理想便無從表現，形象也就不成為其藝術形象了（「失其形者形乎哉」）。這段話顯然是表示對倪瓚宣導的「逸筆草草」和偏重「表現」傾向的不滿，同時也是對湯垕「高人勝士寄興寫意者，慎不可以形似求之」說法的一種駁斥和修正。他主張的是「意」和「形」的統一，即「意」和「象」，情和景的統一，而不是所謂的「不求形似」，或「慎不可以形似求之」。

例如他又說：「畫物欲似物，豈可不識其面？古之人之名世，果得於暗中摸索耶？彼務於轉摹者²，多以紙素之識³是足，而不之外，故愈遠愈偽。形尚失之，況意？苟非識華山之形，我其能圖耶？」

這是他在闡述了「主乎意」與「意在形」的相互關係之後，進而對「心師目」重要性進行了詮釋和強調。既然繪畫不能僅僅有「意」而沒有「形」，既然「舍形何所求意」，那麼，畫家要「畫物欲似物」，就必須到大自然中去親眼看一看外界景物的真面目，才能獲得直接的審美感受和審美經驗。反之，倘若一個畫家僅限於效法古人，僅限於臨摹前人的繪畫作品，而不到外界去親眼看看自然景物的話，久而久之就愈畫愈假。「形」都喪失了，根本就談不上「意」的表現。

這段話已經涉及「師古」問題（即畫家不能以「轉摹」為「務」），也涉及「師造化」問題（「苟非識華山之形，我其能圖

2　轉摹：臨摹古畫。
3　紙素之識：素：沒有染色的絲綢。素與紙都是古人用於繪畫的材料。是說僅只限於從古畫上獲得的那一點知識或審美感受。

耶？」），但不如另一段話對這兩個問題講得更清楚，更透徹，也更辯證。在談了自己的艱苦探索和「頓悟」之後他說：

「斯時也，但知法在華山，竟不知平日之所謂家數者何在。夫家數因人而立名，既因於人，吾獨非人乎？夫憲章[4]乎既往之跡者謂之宗，宗也者從也，其一於從而止乎？可從，從，從也；可違，違，亦從也。違果為從乎？時當違，理可違，吾斯違矣。吾雖違，理其違哉？時當從，理可從，吾斯從矣。從其在我乎？亦理是從而已焉耳。謂吾有宗歟？不拘拘於專門之固守；謂吾無宗歟？又不遠於前人之軌轍。然則餘也，其蓋處夫宗與不宗之間乎。且夫山之為山也，不一其狀，……彼既出於變之變，吾可以常之常者待之哉？吾故不得不去故而就新也。」

這裏，王履對於「師古」問題著重講了兩點體驗：一是對於所謂的「家數」，即規矩，前人留下的藝術法則。他的態度是處於「宗與不宗之間」，就是處於從與不從之間，亦即對「家數」要有分析有批判地接受。二是山之所以為山，岩崖峰巒，大小高低千差萬別，春夏秋冬、風霜雨雪，又不斷地在變化。故而也不能生搬硬套前人的藝術表現方法，用「常之常」的「家數」，去對待「變之變」的自然景物。

所以，王履認為「師古」的「從」也好，「違」也罷，都要取決於是否適合表現眼前的審美客體。即是否適「時」，合「理」。如果說「時當從，理可從」，就接受；「時當違，理可違」，就摒棄。取捨的標準是要看它（「家數」）是否符合藝術創作的規律（「理」），是

---

4 憲章：效法。

否符合時宜。總之，絕對不能「拘拘於專門之固守」，盲目地師從。而要表現眼前的審美客體（自然山水），那就應當「法在華山」。要「法在華山」，就「不得不去故而就新也」。

早在南朝時，姚最就提出過「心師造化」的論見，元代趙孟頫也有過「到處雲山是我師」的說法。王履的可貴之處，不僅在於他反覆闡述了「師造化」的前提性和必要性，重要的是在於他充分辨析了「師心」和「師目」的相互關係，在於他以「時」、「理」為「宗」，辯證地回答了如何正確對待前人留下的藝術法則，從而將長期存在於畫家中的「師古人」、「師心」、「師造化」的爭論，作了一個很好的總結。我們說王履的這句名言是明清書畫美學中極其辯證的師從觀，其原因也在這裏。

詩貴意象
——明代詩歌美學中最廣泛、最深入的本體論和審美觀

「意象」這一概念，最早源於《周易》：「書不盡言，言不盡意」，「聖人立象以盡意」。意思是說語言的功能有限，很多時候都不能盡表人意，所以聖人才用「象」來表達那些難以言盡之意。東漢王充首次提出了「意象」一詞。《論衡・亂龍》篇中說：「夫畫布為熊麋之象，名布為侯，禮貴意象，示義取名也。」這是說君臣、上下之禮，皆寓於獸象，則「象」以「意」為貴（即象徵權位以禮儀為貴），所以這個「意象」是哲學、倫理學意義上的意象。把「意象」作為文學創作的思維手段來使用，則是從劉勰才開始的。在《文心雕龍・神思》篇中劉勰論述了藝術創作的構思（「陶鈞文思」）之後，提出「獨照之匠，窺意象而運斤」。意思是說，如具有獨特見解的工匠那樣，憑著想像中的形象來進行創作，並且他還說這是「謀篇之大端」，可見，「意象」已經從哲學範疇轉化成為美學範疇了。

唐以後使用「意象」於藝術的人日漸增多。如張懷瓘《文字論》中說：「探彼意象，如此規模。」王昌齡《詩格》中說：「久用精思，

未契意象，」「心偶照境，率然而生。」司空圖《詩品·慎密》篇中說：「意象欲出，造化已奇」等。然而這些關於「意象」的談論，包括宋代嚴羽的「興趣說」（從審美感興出發，對詩歌意象所作出的規定）在內，就其廣度和深度而言，都遠遠不及明代。特別是明中葉以後，幾乎所有著名詩人和詩論家，都有論及「意象」之說。其著述之豐，作者之眾，可以說都達到了歷代之最。其中最有代表性最具影響力的，當首推王庭相[1]和陸時雍[2]及其學說。

王庭相在《與郭價夫學士論詩書》中提出了「詩貴意象」說。他說：「夫詩貴意象透瑩，不喜事實黏著。古謂水中之月，鏡中之影，難以實求是也。《三百篇》比興雜出，意在辭表；《離騷》引喻借論，不露本情。……嗟乎！言徵實則寡餘味也，情直致而難動物也，故示以意象，使人思而咀之，感而契之，邈哉深矣。此詩之大致也。」

這裏，王庭相首先明確指出了詩歌創作一條普遍性的規律，那就是「詩貴意象透瑩，不喜事實黏著」。為什麼？因為「意象」是審美主體的情意和客觀物象的契合，亦即黑格爾所講的：「在藝術裏，感性的東西，經過心靈化；而心靈化的東西，也借感性化而顯現出來。」（《美學》）而意象的透徹晶瑩（如玉石之光潔），則正如嚴羽在其《滄浪詩話》中所講的那樣：「詩者，吟詠性情也」，「故妙處透徹玲瓏，不可湊泊。如……水中之月，鏡中之象，言有盡而意無

---

1 王廷相（1474-1553）：明代傑出的哲學家、文學家。字子衡，號濬川，儀封（今河南蘭考）人。弘治進士，與李夢陽、何景明等稱「前七子」。歷任御史、陝西巡撫、太子太保兼都察院左都御史等職。以經術稱於世，在天文、地理、音律和農業方面亦有很多成就。又擅長詩、詞，一生著作甚豐，有《慎言》、《雅述》、《詩鏡總論》等。總集有《王氏家藏集》。
2 陸時雍：生卒年代不詳，大約在崇禎年間。詩歌理論批評家。生平不詳，《四庫全書總目提要》說：「陸時雍，字仲昭，桐鄉人。崇禎癸酉貢生。」曾編選了《古詩鏡》三十六卷，《唐詩鏡》五十四卷。其詩歌理論標舉「意象」、「神韻」，紀昀評論說：「所言皆妙解詩理。」

窮」。也正因為詩歌意象如水月鏡象，故而它也就不可與事實黏著，更難以「以實求是」。

　　為了論證上述觀點，他又以《詩經》和《離騷》為例，來說明詩歌創作不同於「徵實」的文體。它既要「意在辭表」（表者，外也），「不露本情」，就不能「黏著事實」，「以實求是」；同時也不能把詩人的情意赤裸裸地直白於詞語之中。故而詩歌創作要「有餘味」，「能動物（人）」，就必須「示以意象」。這樣才能讓人「思而咀之，感而契之」，有無窮的韻味，「此詩之大致也」。

　　崇禎年間陸時雍關於詩歌意象的論述，也很精闢。他在《詩鏡總論》中有幾段話特別值得關注：

　　「『東飛伯勞西飛燕』，《河中之水歌》，亦古亦新，亦華亦素，此最豔詞也。所難能者，在風格渾成，意象獨出。」

　　「少陵七言律，蘊藉最深。有餘地，有餘情，情中有景，景外含情。一詠三諷，味之不盡。」

　　「詩不待意，即景自成。意不待尋，興情即是。王昌齡多意而多用之。李太白寡意而寡用之。昌齡得之椎煉，太白出於自然，然而昌齡之意象深矣。劉禹錫一往深情，寄言無限，隨物感興，往往調笑而成。」

　　「詩貴真，詩之真趣，又在意似之間。認真則又死矣。柳子厚過於真，所以多直而寡委也。《三百篇》賦物陳情，皆然而不必然之詞，所以意廣象圓，機靈而感捷也。」

「實際內欲其意象玲瓏，虛涵中欲其神色畢著。」

陸時雍的這些談話主要意思有四點：

一、詩歌意象所具有的特徵之一，是它的多義性和不確定性。例如所引的「東飛伯勞西飛燕」，既可解為以「勞燕分飛」喻男女分手，又可解為感歎季節之變：冬天來了，伯勞和燕子都從東從西向南邊飛去了。甚至因為這是互文見義的修辭結構（如「秦時明月漢時關」那樣），還可理解為勞燕二鳥都各自向東西飛去。至於《河中之水歌》所描寫的莫愁女的故事，說她十五歲嫁給了一個盧姓的有錢人家，婚後吃穿都很好。但結尾為什麼說「人生富貴何所望，恨不嫁與東家王」呢？給人留下的想像空間，其實也是其「意象獨出」之處。

二、詩歌的意象是「情」與「景」的統一。即所謂的「情中有景，景外含情」。而且如此的情景，還能給人想像的餘地，不把話說絕了，要「有餘地」、「有餘情」，才能讓人「味之不盡」。

三、詩貴真，情要真，景也要真。但不能過分，「認真則又死矣」。所以詩歌的意象應在「意似之間」。即所謂的「賦物陳情，皆其然而不必然之詞」。也就是「意象玲瓏」、「意廣象圓，機靈而感捷」。這與王庭相所主張的「詩貴意象透瑩，不喜事實黏著」是完全一致的，強調的都是意象要玲瓏透瑩，真趣盎然，而又不黏著事實。

四、詩歌意象的創造，常常是「隨物感興」，「即景自成」的。也就是說審美意象，是「情」與「景」在直接的審美感興中相契合而昇華的產物。離開了眼前的客觀景物或沒有「隨物」的觸發（感

興），意象的產生也是不可能的。

　　明人其它有關「意象」的論述，也都各有新見。如顯赫一時的李東陽說：「『雞聲茅店月，人跡板橋霜。』人但知其能道羈愁野況於言意之表，不知二句中不用一二閒字，止提掇出緊關物、色字樣，而音韻鏗鏘，意象具足，實為難得。」（《麓堂詩話》）前七子之一的何景明說：「夫意、象應曰合，意、象乖曰離。是故乾坤之卦，體天地之撰，意象盡矣。」（《與李空同論詩書》）後七子之一的王世貞主張詩歌創作應當「神與境會」，「盧、駱、王、楊，號稱四傑，詞旨華靡，固沿陳隋之遺，翩翩意象，老境超然勝之。」（《藝苑卮言》卷四）末五子之一的胡應麟強調「古詩之妙，專求意象」，認為「作詩大要，不過二端：體格聲調，興象風神而已」（《詩藪·內編》）。甚至連七子倡言的「情景論」[3]在內，也處處都在闡釋「意象說」的本質內涵，這裏不再一一解說。

　　從以上所述不難看出，明代的一大批詩人、詩論家，對於詩歌意象這一範疇，各自提出了自己的看法和主張。雖然他們論及的子題，有意象的本體、構成，意象的種類、特徵等等，而且各自談及的角度不同，側重有別，但是在「詩貴意象」這一根本問題上，大家的看法又趨於一致，有的甚至完全相同。因此我們說「詩貴意象」之論，是明代詩歌美學中最廣泛最深入的本體論和審美觀。特別是王庭相的說法，直接影響了清代大理論家葉燮和王夫之的美學思想。可見有明一代的「意象說」，的確已經非常成熟，而且達到了空前普及的規模。

3　七子的「情景論」：主要指謝榛《四溟詩話》中所說「景乃詩之媒，情乃詩之胚，合而為詩」，王世貞《藝苑卮言》中強調的「詩乃心譬之精」，故詩須「神與境會」，以及李夢陽《鳴春集序》中所講的：「詩者，吟之章而情之自鳴者也」，詩是「情動則會，心會則契，神契則音」，「隨遇而發」的結果。「神與境會」、「情與景合」，都與「意與象應曰合」相似相通，故稱其為意象說之一種。

童心説
——明清美學中最具挑戰性的反傳統的審美理念

　　明代的思想家中，李贄[1]的思想言論常常被封建禮教的衛道士、假道學們視之為大逆不道的「異端」，他的《焚書》也的確遭到幾次焚禁。而他自己也以「異端」自居，並聲明說：「今世俗子與假道學，共以異端目我，我謂不如遂為異端，免彼等虛名加我。」（《焚書》卷五）

　　實際上，李贄的言論在當時確實可以稱得上振聾發聵，離經叛道。

　　比如千百年來，人們把孔子神化，將他當做聖人來崇敬和效法，李贄卻反對「以孔子之是非為是非」（《藏書‧世紀列傳總目前論》）。他說：「夫天生一人，自有一人之用，不待取給於孔子而後足也。」（《焚書》卷一《答耿中丞》）

1　李贄（1527-1602）：明代進步的思想家、文學家。號卓吾，回族。泉州晉江（今福建泉州）人。做過雲南姚安知府，三年後辭官。先後在湖北黃安、麻城著書講學，並招收女弟子。哲學上受王守仁心學和佛學禪宗的影響。公開以「異端」自居，激烈抨擊孔孟之道和程朱理學。終以「敢倡亂道，惑世誣民」的罪名誣陷入獄，自刎而死。一生著述頗豐，有《焚書》、《續焚書》、《史綱評要》、《李溫陵集》等傳世。

又如盛行於其時的程朱理學倡言「存天理，滅人欲」，以封建倫理道德來扼殺人的生活欲望，李贄的倫理觀卻是建立在市民階層的「合乎民情之所欲」基礎上（《焚書》卷二《失言三首》）。他大膽地提出：「穿衣吃飯即是人倫物理，除卻穿衣吃飯，無倫物矣。」並說：「市井小夫，身履是事，口便說是事。作生意者但說生意，力田者但說力田，鑿鑿有味，真有德之言，令人聽之忘倦矣。」（《焚書》卷一《答鄧石陽》）他甚至公開為商人辯護說：「挾數萬之資，經風濤之險」，起到了發展生產的作用，「商賈亦何可鄙之有？」

此外，在婦女觀上，他一反男性中心社會認為「婦女見識短，難以學道」的陳腐觀念，在麻城講學時，公然收了不少女弟子聽課。並說：「不可止以婦女之見為見短也。」「謂見有長短則可，謂男子之見盡長，女子之見盡短豈可乎？」（《答以女人學道為短見書》）

在美學方面他所著的《童心說》，是不是也同樣具有「異端」的審美理念？我們只要看一看文章究竟說了些什麼，作者與之相關的著述講了些什麼，問題自然就會明瞭。

文章開頭說：「夫童心者，真心也。若以童心為不可，是以真心為不可也。夫童心者，絕假純真，最初一念之本心也。若失卻童心，便失卻真心；失卻真心，便失卻真人。人而非真，全不復有初矣。」

這裏首先提出了「童心」的觀念，從而把批判的矛頭直接指向了「發乎情，止乎禮義」的儒家禮教和程朱理學的倫理傳統。所謂的「童心」，也就是「真心」，是「絕假純真」的人的原初本然狀態。「真」有兩層含義：真實和真誠。「心」是指人的心理結構，包括思

想、情感和知識，是一個整體的概念。對文學創作來說，所謂的「出於童心」就是要有思想和情感內容的真實，表達思想情感態度的真誠。如果失卻了「童心」，便失卻了「真心」，而失卻了「真心」，人就成了「假人」。「人而非真」，那麼，包括情感在內的一切，也就都假了，又何來「天下之至文」？

傳統的儒家禮教和程朱理學，講的是「發乎情，止乎禮義」，要求以理智或禮法倫理來規範和控制情感，反對在文學創作中自由表達人的情感。「童心說」與此形成了尖銳的對立。所以針對這種情況（包括童心的「絕假純真」與禮教的「牽合矯強」的對立），李贄在《讀律膚說》中又強調指出：

「蓋聲之來，發乎情性，由乎自然，是可以牽合矯強而致乎？故自然發於性情，則自然止於禮儀，非性情之外復有禮儀可止也。」

這是說，「性情」是思想情感表達的根本。人的真情的表達是基於人的自然情性，而絕非所謂的「禮儀」。可見，李贄強調的「絕假純真」、「最初一念之本心」，其實就是要擺脫封建倫理和程朱理學的禁欲主義束縛，進而強調文學創作只有順應人的自然本性，才能創作出「天下之至文」。這的確有追求個性解放的進步意義。

在《童心說》中，李贄還圍繞著「童心胡然遽失[2]」的問題，展開層層的分析，最後認定文人學士之所以失卻童心，是因「道理聞見[3]日以益多」，被不斷侵害，潛移默化的結果。而「道理聞見」，又

2　遽失：遽：就、竟。竟然失去。
3　道理聞見：這裏指程朱理學以及盛行於時的假道學、假詩文。

「皆自多讀書識義理而來」。這就揭示出了問題的癥結：原來童心之失，根源就在盛行於世的程朱理學，以及那些招搖過市的假道學、假詩文。

因此，他接著說：「童心既障，於是發而為言語，則言語不由衷；見而為政事，則政事無根柢；著而為文辭，則文辭不能達。」可見其危害多麼嚴重！而且，「以從外入者聞見道理為之心也」（即聞見道理入主於人的心靈）。於是，「則所言者皆聞見道理之言，非童心自出之言也。言雖工，於我何與？豈非假人言假言，而事假事文假文乎？」這就更為深刻地揭示了「聞見道理」對人的個性之危害和所造成的惡果。李贄最後竟斷然指出：「六經[4]、《語》、《孟》[5]，乃道學之口實，假人之淵藪」，分明是為上述諸說所作出的結論，同時也是他對所謂的「萬世之至論」以及程朱理學發出的公開挑戰。

李贄從反道統和追求個性解放的立場出發，在文章中對假道學文學觀念進行了徹底批判，對通俗文藝進行了高度肯定，更令人振聾發聵，耳目為之一新。比如他說：「天下之至文，未有不出於童心焉者也。苟童心常存，則道理不行，聞見不立，無時不文，無人不文，無一樣創制體格文字而非文者。詩何必古《選》[6]，文何必先秦，降而為六朝，變而為近體[7]，又變而為傳奇[8]，變而為院本，[9]為雜劇，[10]

4　六經：指《詩》、《書》、《禮》、《樂》、《易》、《春秋》。
5　《語》、《孟》：指《論語》、《孟子》。
6　《選》：指蕭統編的《文選》，又稱《昭明文選》。
7　近體：指唐代律詩、絕句。
8　傳奇：指唐宋傳奇小說。
9　院本：金代行院戲劇藝人演出的腳本。
10　雜劇：指元代的雜劇。

為《西廂曲》，為《水滸傳》，為今之舉子業[11]。夫賢言聖人之道，皆古今之至文[12]，不可得而時勢先後論也。」

這段話首先強調「童心」是衡量文學作品優劣和審美水準高低的評判標準（「天下之至文，未有不出於童心焉者也」）。認為惟有出於童心，表達作者真心，即真實的思想情感的作品才是「天下之至文」。反之，失卻了童心，便是「假文」，頂多只是「聞見道理」的複製品。

其次，認為文體沒有優劣之分，詩歌、散文、小說、戲曲一律平等。只要「童心常存」，「聞見道理」便無立錐之地。不論何時、何人、何種風格體裁，都能寫出極好的作品。特別是將《西廂曲》、《水滸傳》抬高到「古今之至文」這樣的高度，這在中國文學史上是破天荒之舉。長期以來的封建正統觀念，都只重詩、文，把小說、戲曲等視為末學，李贄能夠衝破傳統的重壓，為通俗文藝正名，這充分說明其勇氣、膽識和遠見。

再次，這段話裏李贄還從理論上直接駁斥了明代七子倡言「文必秦漢，詩必盛唐」的復古、擬古的文學主張。他認為文學是時代的產物，時代在變，文學也不斷在變。「變」是什麼？「變」就是發展。所以既然文學是隨著歷史的發展而發展的，那麼，「詩何必古《選》，文何必先秦」呢？而且在李贄看來，凡是講求聖人之道的詩文，都是古今傑出的作品，詩文的優劣，絕對不能以時代的先後作為評論的標準（「不可得而時勢先後論」），一切厚古薄今和是古非今之說，都

---

11 舉子業：指科舉考試之類的文字。
12 至文：最優秀的作品。

是荒謬的。這充分體現了李贄進步的歷史觀和發展的文學觀。

此外,李贄在《忠義水滸傳序》中評論說的「《水滸傳》者,發憤之所作也」,《雜說》中倡言「奪他人之酒杯,澆自己之壘塊,述心中之不平」等發憤著書之說,對於儒家「溫柔敦厚」的傳統詩教,也是極大的衝擊和挑戰。

總之,李贄的「童心說」,是明清美學中最具挑戰性的、反傳統的審美理念。它的論見,既有反權威、反教條、反傳統的內涵,又有解放思想的啟示,追求人情個性的渴望,是一種代表了市民階層的文學主張。雖然他以「童心說」來解釋一切文學現象,未必恰當,但從整體而言,他對程朱理學的否定,對明代復古主義思潮的批判,以及對通俗文藝的讚譽和推崇,卻都具有進步意義,值得高度肯定。其中尤其是他關於文學創作,要在「發乎情性,由乎自然」之說,對後來湯顯祖的「唯情說」和「公安派」的「性靈說」都具有直接的影響。「童心說」對於明清文學的發展,以至於現當代人們文學觀念的改變,都是功不可沒的。

容本《水滸》評點
——明清美學中新興的、最具代表性的小說創作論

小說評點的出現，最初見於明代萬曆二十年余象烏所刊行的《新刻按鑒全像批評三國志傳》。但余象烏其人本是書商，僅粗通文墨，他的評點主要是談論書中人物的行為得失，未涉及藝術方面的問題。萬曆二十一年，有署名「姑熟陳氏尺蠖齋」刊行的《唐書志傳通俗演義題評》，內容也只是著眼於文字注釋，和史實辯證。萬曆二十二年又有余象斗刊行的《忠義水滸傳評林》，上有餘宗的眉批，內容大致上也未出上述範疇。直到萬曆三十年前後容與堂刊行的《李卓吾先生批評忠義水滸傳》（本文簡稱容本評點），評點內涵才大異從前。

需要說明的一點是，其時盛行於世的《水滸》評點有兩種：一是容與堂本《李卓吾先生批評忠義水滸傳》；另一種是萬曆四十二年袁無涯刊行的《李卓吾先生評忠義水滸全傳》。兩個版本究竟孰真孰偽，作者歸屬到底是李贄還是葉畫？學術界歷來有不同意見，可以說

從晚明開始就已經爭論不休，至今依然莫衷一是。[1]本文對此只好存而不論，僅就小說美學方面成就較大的容本來做一些直接、簡要的分析和評介。

一、在藝術和生活的關係上，評點者首先指出：「世上先有水滸傳一部，然後施耐庵、羅貫中借筆墨拈出。若夫姓某名某，不過劈空捏造，以實其事耳。如世上先有淫婦人，然後以楊雄之妻、武松之嫂實之；……若管營，若差撥，若董超，若薛霸，若富安，若陸謙，情狀逼真，笑語欲活，非世上先有是事，即令文人面壁九年，嘔血十石，亦何能至此哉！亦何能至此哉！此《水滸傳》之所以與天地相始終也歟？」（卷首總評）

在評點者看來，現實生活是小說創作的源泉和前提。《水滸傳》一書的出現，是因為在世上早就有許多水滸故事，在民間流傳、演唱，後來經施、羅二公的收集整理加工改造才完成。至於其中的人物故事，也是「世上先有」，而後由作家創造出來，虛構出來（「劈空捏造，以實其事耳」）。但是這種虛構，是以現實社會生活為基礎為前提的，是現實生活情狀的真實反映。如果作家脫離了現實生活，那麼，即使他冥思苦想，嘔心瀝血，也不可能創造出「情狀逼真，笑語欲活」的典型人物，也寫不出《水滸傳》這樣高水準的長篇著作來。評點者在十六世紀末葉，就能明確指出一條現實主義的創作規律，這是極其難能可貴的。

1　容本《水滸傳》評點和袁本評點雖都署名李卓吾（李贄），卻內容截然不同，究竟孰真孰偽，未有定論。從現有資料來看，李贄確實評點過《水滸傳》。他不僅在《與焦弱侯》中講過：「《水滸傳》批得甚快活人」，並寫過《忠義水滸傳序》，而且與李贄過從甚密的袁中道，萬曆二十年過訪他家之時，還看到他正在評點《水滸傳》，其時他「正命僧常志抄寫此書，逐字批點」。但其後李卓吾逃述坎坷，終於在萬曆三十年被迫害下獄，自刎而死，故《水滸傳》評點在他生前未能問世。正如後來張鼐所言：「卓吾死而其書重，……真書、贋書並傳於天下。」

二、與此相聯繫的小說藝術的真實性問題，評點者認為：「《水滸傳》文字原是假的，只為他描寫得真情出，所以便可與天地相始終。即此回中李小二夫妻兩人情事[2]，咄咄如畫，若到後來混天陣處都假了，費盡苦心亦不好看。」（第十四回末總評）而且，先前他也曾說過：「《水滸傳》事節都是假的，說來卻是逼真，所以為妙。」（第一回末總評）

兩段話的意思一樣。前者說《水滸傳》的文字是假的，後者說《水滸傳》的故事情節是假的。但就像「李小二夫妻兩人情事」那樣，由於作家寫出了現實生活、社會關係的「真情」（即九十七回所評的「人情物理」），所以「李小二夫妻兩人情事」雖然很平凡，很普通，沒有什麼傳奇性，可是，「說來卻是逼真」，具有藝術的真實性，讓讀者看了「咄咄如畫」，非常驚訝，真有如見其人如聞其聲那樣的美感。可是後來八十八回「顏統軍陣列混天象」，儘管寫得很離奇，很熱鬧，卻不能表現社會生活的「真情」，不符合生活邏輯，所以就假了，「不好看」了。

為什麼評點者特別稱讚《水滸傳》中管營、差撥、董超、薛霸等人物描寫得「情狀逼真，笑語欲活」，原因就在於所謂的「逼真」，也就是「肖物」，「傳神」或者說「神形現」，這是評點者以繪畫理論來概括小說藝術真實性的一條審美標準。而且通過這些人物，還生動地描繪出普通下層人物的人情世態。

---

2 李小二夫妻兩人情事：指本回描述李小二夫妻如何在店中偶遇昔日恩人林沖；如何從管營、差撥和陸謙的談話中聽得「高太尉」三字，引起懷疑；李小二又如何命妻子到閣子背後監聽他們的談話，最後又如何把陸謙、差撥合議要害林沖的情況，一一告訴林沖等等。

三、在人物塑造方面，評點者認為：「施耐庵、羅貫中真神手也！摩寫魯智深處，便是個烈丈夫模樣；摩寫洪教頭處，便是忌嫉小人底身份；至差撥處，一怒一喜，倏忽轉移，咄咄逼真，令人絕倒。異哉。」（第九回末總評）在二十四回又有一段評語，說這一回潘金蓮的描寫十分「肖物」、「傳神」，可「當作淫婦譜看」。

所謂的「模樣」、「身份」和「譜」，都是指人物的典型性和代表性。評點者稱讚施、羅二公「真神手也」，是說他們塑造人物的手段極其神妙。描寫的魯智深，就是個烈丈夫的典型；描寫的洪教頭，就是個忌嫉小人的典型；描寫的差撥，就是個見錢眼開的代表；而描寫的潘金蓮，又很「傳神」，真可當淫婦的典型或代表來看。在評點者看來，塑造人物，就是要寫出人物的典型性和代表性。這是塑造人物最基本的要求或規定。離開了這一點，人物便難以寫得「逼真」，也不可能「令人絕倒」。

此外，評點者還認為，除了要寫出人物的典型性、代表性之外，更為重要的是要寫出人物鮮明的個性，這是關係小說創作成敗的關鍵。例如他說：「描寫魯智深，千古若活，真是傳神寫照妙手。且《水滸傳》文字妙極千古，全在同而不同處有辨。如魯智深、李逵、武松、阮小七、石秀、呼延灼、劉唐等眾人，都是急性的。渠形容刻畫來，各有派頭，各有光景，各有家數，各有身份，一毫不差，半些不混，讀去自有分辨，不必見其姓名，一睹事實，就知某人某人也。」（第三回末總評）

這明顯道出了《水滸傳》的最成功之處，在於人物的個性描寫極

其鮮明、突出，可以在「同而不同處有辨」。書中描寫的人物，也確如評點者所讚譽。例如魯智深和李逵，兩人都是急性子。但魯智深是急中有緩，急中有智。如第三回魯提轄拳打鎮關西，其中寫他慷慨解囊，救了金公父女之後，為了讓二人平安出走，防止店小二前去追趕，他竟耐著性子，在酒店門前坐了「兩個時辰」「方才起身」（這是急中有緩）。他三拳打死了鎮關西，卻還回頭指著鄭屠屍道：「你詐死，洒家和你慢慢理會。」然後機智走掉（這是急中有智）。李逵則是急得簡單、直率，有時還很魯莽。如當他聽說宋江搶奪民女的消息，沒有思考，就大鬧忠義堂，砍倒杏黃旗。同樣是急性子，他們的表現卻又何等不同，真是只有「神手」才寫得出。

四、在小說情節結構的問題上，評點者有一段評語說：「《水滸傳》文字形容既妙，轉換又神。如此迴文字形容刻畫周謹、楊志、索超處，已勝史太公一籌，至其轉換到劉唐處來，真有出神入化的手段。此豈人力可到，定是化工文字[3]，可先天地始，後天地終也。」（第十三回末總評）

這裏所謂的「轉換」，就是指情節佈局的變化。比如這一回寫楊志與周謹、索超比武後，得到了梁中書的賞識，然後又從梁中書與蔡夫人的對話中引出了「生辰綱」。下邊卻忽然話題一轉，另外起頭，寫雷橫夜巡靈官廟偶遇劉唐，又從劉唐「認舅」引出了晁蓋，於是便出現了圍繞著智取生辰綱的種種鬥爭。這正是評點者認為「轉換又神」的地方。因為在他看來，通俗文學的情節發展應曲折伸縮，最忌平鋪直敘。根據這個觀點，他在評七十回時說：「敘處卻沒有伸縮變

---

3 化工文字：指巧妙的情節安排，出神入化的描寫。

化，大不好看。」而評八十七回時卻說：「描寫瓊瑤延納、史進、花榮、寇振遠、孫立弓馬刀劍處，委曲次第，變化玲瓏，是丹青上手，若鬥陣法處，則村俗不可言矣。」其道理也在於此。

此外，評點者還提出「趣」這一審美範疇。如五十三回總評中說：「天下文章當以趣為第一，既是趣了，何必實有是事，並實有是人。若一一推究，如何如何，豈不令人笑殺？」這是說，藝術的真實和生活的實錄是有明顯區別的。為了追求有趣，作家的創造和虛構成為必須，故而不能一一推究如何如何。這種對「趣」在小說藝術中重要性的強調，反映的無疑是其時新興的市民階層的審美要求。

總而言之，容本評點者通過對《水滸傳》的批評，第一次對小說藝術與現實生活的關係、個性化人物形象的塑造、小說情節的轉換、伸縮等問題，進行了比較系統而深入的探討，不僅為中國古典美學開拓了一個新領域，為文學批評提供了一種新形式，而且還從新興的市民階層立場出發，提出了一些現實主義、人文主義的美學觀點和範疇，對明清小說創作理論和實踐都有著重大的影響。我們說容本《水滸》評點，是明清美學，乃至是中國美學史上最早、最具代表性的小說創作論，其原因也在這裏。

因情成夢，因夢成戲
——明清美學中典型的、最具時代特徵的主情論和戲曲觀

以「情」論文，以「情」談藝，是中國美學史上談論最多的話題之一。《樂記》中說過：「樂由天作」，「樂也者，情之不可變者也。」《詩大序》說：「情動於中而形於言，言之不足，故嗟歎之，嗟歎之不足，故永歌之，永歌之不足，不知手之舞之，足之蹈之也。」都是說詩、歌、舞之產生，皆因「情動於中」之故。晉代陸機一反「詩言志」之說，提出了「詩緣情而綺靡」的觀點。唐代孔穎達卻認為：「詩者，人志意之所之適也。」「在己為情，情動為志，情、志一也。」又把「志」與「情」統一起來，對「詩言志」作出了新的解讀。

明代的徐渭、湯賓伊、馮夢龍等一大批文學家、藝術家也都談到過「情」的本源性、合理性以及「情」在文學藝術創作中的重要性等。然而湯顯祖[1]的「因情成夢，因夢成戲」之說，卻把「情」發揮到了極致，且具有不同於之前諸說的時代特徵。

---

1 湯顯祖（1550-1616）：明代戲曲作家、文學家。字義仍，號海若，江西臨川人。萬曆十一年進士。曾任南京太常寺博士、禮部主事等職。以不附權貴而被議免官，之後再未出仕。曾師從泰州學派羅汝芳讀書，後受李贄思想影響。所作《紫簫記》、《紫釵記》、《牡丹亭》、《南柯記》、《邯鄲記》五種，所作詩文收入《玉茗堂詩文集》。

在給友人的信中，他說：「弟之愛宜伶[2]學《二夢》，道學也。性無善無惡，情有之。因情成夢，因夢成戲。戲有極善極惡，總于伶無與。伶因錢學《夢》耳。弟以為似道。」

這段話，湯顯祖本來是談對戲曲藝人的看法。他認為宜黃腔藝人學《南柯記》和《邯鄲記》為了掙錢養家過日子，是符合「道」的原則的，戲之善惡與藝人無關。可是，由於湯顯祖所謂的「道」，乃是他的尊師羅汝芳在反對程朱理學時所講的「百姓日用即道」，也就是其好友李贄所強調的「穿衣吃飯即人倫物理」，因此他所說的「道學也」、「弟以為似道」，便已經具有了存「人欲」、破「天理」的含義。其中「因情成夢，因夢成戲」一說，涉及湯顯祖美學思想的核心「主情」論。在湯顯祖心目中，「情」是人與生俱來的，他說：「人生而有情，思歡怒愁，感於幽微，流乎歌嘯，形諸動搖。」（《宜黃縣戲神清源師廟記》）可見「情」不僅具有天然的合理性，而且還是產生歌、舞的搖籃。在《耳佰麻姑游詩序》中他又說：「世總為情，情生詩歌，而行於神。天下之聲音笑貌大小生死，不出乎是。」所以說，在湯顯祖那裏，文由情生，「情」是一切文學藝術的本質，也是戲曲創作的動因和宗旨。

由於湯顯祖生活的時代，仍是一個「存天理，滅人欲」統治的時代，凡事都要「以理相格」[3]，「滅才情而尊吏法」，故湯顯祖追求的「情」，理想中的「有情之天下」，在現實生活中是不存在的，甚至「情」還要遭遇到「理」的扼殺，因此只能在「夢」中去尋找理想

2　宜伶：指用宜黃腔演唱的戲曲藝人。
3　以理相格：即用理作為衡量事物的是非標準。

的寄託。於是「夢」除了作為「因夢成戲」的藝術手段之外,「夢」還是他賴以實現其理想的審美境界。這也是我們說湯顯祖「主情論」和戲曲觀是最具時代特徵的一個重要原因。

另一方面,中國封建社會發展到明代中後期,其內部矛盾日益尖銳,社會經濟生活中已經萌發了資本主義生產關係,市民階層的生活方式和思想觀念在社會上產生了很大的影響,於是在一部分知識分子中,出現了一股懷疑、否定乃至批判程朱理學絕對權威的思潮。湯顯祖在其師羅汝芳、好友李贄等泰州學派思想的影響之下,毅然舉起以「情」抗「理」,以「情」抑「理」的旗幟,把批判的矛頭直接指向了程朱理學的核心——「天理」(即以「三綱五常」為核心的封建禮教)。他說:「情有者,理必無;理有者,情必無。」(《寄達觀》)「情」、「理」兩者,「難於並露而周施」,或「理至而勢違」,或「勢合而情反」,或「情在而理亡」(《沈氏弋說序》)。既然「情」與「理」勢不兩立,而人之情又是與生俱來的(「人生而有情」),情是人的天性,那麼,「恒以理相格」那就是違反人情物理的,就必須予以否定。故而在《牡丹亭題詞》中他說:「第雲理之所必無,安知情之所必有邪。」「情」有自己存在的權利,應該從「理」的束縛之下解放出來。這又是湯顯祖「主情論」有別於歷史上「緣情」諸說之處,也是最具時代特徵的關鍵所在。

此外,湯顯祖的「主情論」和戲曲觀,還有一個顯著的特點,那就是他所講的「性無善無惡,情有之」。就是說情有「善情」「惡情」之分。「善情」即「真情」、「至情」,指的是真實的、自然而然的情感流露,如符合人性的親情、友情和對美好生活、自由愛情的追求

等;「惡情」也就是他所說的「矯情」,指的是人非分的欲求,如苛求身外的名分、權利、巨財、美色等等。既然情有善惡之分,以「情」為戲曲創作宗旨的藝術家,在「成戲」之前,就不能不對其所追求的「情」有個明確的分辨和認定,這樣才能在「成戲」之後達到作者所預期的藝術效果和懲惡揚善的價值取向。

從湯顯祖的藝術實踐來看,他的《牡丹亭》和《邯鄲記》,都充分體現了「情」有善惡的重要論見。《牡丹亭》中杜麗娘與柳夢梅的愛情故事,淋漓盡致地展示了這種「情」(即「真情」和「善情」)的時代性、真實性和合理性,並把「情」發揮到了極致。在一開始的《牡丹亭題詞》中他就說:「天下女子有情寧有如杜麗娘者乎。夢其人即病,病即彌連,至手畫形容傳於世而後死。死三年矣,復能溟莫中求得其所夢者而生。」又說:「情不知所起。一往而深,生者可以死,死可以生。生而不可以死,死而不可復生者,皆非情之至也。」

可見,在湯顯祖心裏,也就是在他的理想中,杜麗娘是天下最有情的女性了。杜麗娘生長在一個典型的封建家庭。父親是一個「一味做官,片言難入」的封建官僚,母親和老師也只知向她灌輸「知書知禮,父母光輝」、「有風有化,宜室宜家「之類的教條。在這樣封閉嚴格的管教之下,天真活潑的少女在官衙住了三年,竟然連後花園都沒有到過。可是有一天,麗娘在丫環春香的鼓動下,偶然地去遊了花園,因春天美景的感觸,喚起了她青春虛度、才貌埋沒的覺醒。於是在夢中她遇到了青年秀才柳夢梅。兩人一見傾心,互訴愛慕之情,共成雲雨之歡。然而正當兩情纏綿難捨難分之際,杜母進房叫醒了麗娘,打斷了她的美夢。此後,杜麗娘難忘夢中情人,再尋而不可得,

終於鬱悶成疾，一病不起，竟至彌連。她便自畫己像留下，隨即死去。其後過了三年，柳夢梅赴京趕考，途中偶感風寒，暫寄她家梅花庵養病。又與杜麗娘的遊魂幽會，二人互表深情，並在溟莫之中起死回生。這充分說明湯顯祖所追求的這種「真情」，已達到了情之極致，是超越時空、生死界限的一種審美境界。

而《邯鄲記》中盧生與崔氏的愛情故事，則是一種「矯情」，是建立在封建網路權錢交換基礎上的富貴尊榮，封妻蔭子。主人公盧生，本一介書生，屢試不中，但在遇到崔氏小姐之後，卻在她的「指點」下，找關係，花銀子，買了一個狀元。他為官壓榨人民，用人民的血汗錢換來了皇帝出巡的歡心，從而躍居高官。他雖得寵，卻也遭到攻訐，在官場中也有過幾度沉浮。只不過他為人八面玲瓏，善於見風使舵，終於被朝廷重用，加封趙國公，官上柱國太師，食邑五千戶。崔氏被封為趙國夫人，四個兒子也蔭襲為官，甚至連還在襁褓中的孫子，也有了職位。……這一切湯顯祖稱之為「矯情」，並通過對盧生一生生活經歷的描寫，對封建社會作了充分的剖析，把它內部的種種糜爛和醜惡，暴露在世人面前，實在是令人大開眼界大快人心。

《邯鄲記》的結尾，盧生一夢驚醒之後，便慕仙隨呂洞賓修道去了。這使得「主情論」蒙上了一層虛無的陰影。《牡丹亭》中顛倒「情」與客觀世界的關係，誇大「情」的力量，使「情」成為溝通人世與冥界的橋樑，認為只要有了「情」的幫助，人的生死便可以輪迴，也帶有了宗教的色彩。可以說湯顯祖的「情」是佛化了的「情」，而不完全是人性至真至純的「情」之表現。雖然如此，湯顯祖所追求的「情」，他主張的「主情論」，畢竟包含了個性的解放、

個性自由的內容，是晚明時代社會經濟中資本主義萌芽在意識形態中的反映，表達了新興市民階層的一種審美要求，而且他所提出的情有善惡之分的論見，的確也蘊含著反抗封建專制，提倡人道主義的思想傾向，因此我們說湯顯祖「因情成夢，因夢成戲」的說法，是符合歷史前進方向的。它的問世，非但在其時具有振聾發聵的意義，對於後來《紅樓夢》的出現，也有著直接的、明顯的影響，這也是個不爭的事實。

世道既變，文亦因之
——明清美學中最鮮明最有力的文學發展觀

在明代反對前後七子「文必秦漢，詩必盛唐」的復古擬古思潮的論爭中，關於文學發展的問題，很多人都談論過。應該說以袁宏道[1]為代表的公安派[2]，只是後起之秀。最早亮明觀點舉出旗幟的，是自稱為「異端」的大思想家、文學家李贄。他認為文學是時代的產物，文學藝術都是隨著時代的發展而發展的，在其《童心說》中他明確提出：「詩何必古《選》，文何必先秦？……夫賢言聖人之道，皆古今之至文，不可得而時勢先後論也。」但為何如此，卻沒有具體闡釋。稍後，著名戲曲作家、文學家屠隆也提出過「詩之變隨時遞遷」的主張，也沒有說明因由，只是籠統地說：「天地有劫，滄桑有改，而況詩乎？善論詩者，政不必區區以古繩今，各求其至可也。」再後來，末五子中詩學的集大成者胡應麟，似乎看到了詩歌的發展是受到時代的制約和影響，故也提出了「詩之體以代變」的說法，但結果卻是主

---

1 袁宏道（1568-1610）：明代文學家。字中郎，號石公，湖廣公安（今屬湖北）人。萬曆進士，官吏部郎中，與兄宗道、弟中道，並稱三袁。為公安派的創始者。在三袁中宏道成就較大，實際是公安派的領袖人物。其思想深受李贄的影響。作品真率自然，多寫閒情逸致，部分文章反映民間疾苦，抨擊時政弊端。合刊為《袁中郎全集》。

2 公安派：明代萬曆年間的一個文學流派。其代表人物為袁氏三兄弟宗道、宏道、中道。因其籍貫為湖廣公安而得名。其重要成員還有雷思霈、江盈科、陶望齡、黃輝等人。公安派文學主張主要有：反對剿襲，強調通變；獨抒性靈，不拘格套；推重民歌、小說，提倡通俗文學。他們的作品秀逸清新，活潑詼諧，自成一家，但缺乏深厚的社會內容，因而後人認為其文學理論大於創作實踐。

張回到復古擬古的老路上。真正觀點鮮明、論證充分而具說服力的文學發展觀的出現，還是到以袁宏道為代表的公安派形成之後。這就是袁宏道提出的「世道既變，文亦因之」的命題，以及袁氏兄弟相關的論述和闡釋。

比如袁宏道在《雪濤閣集序》中說：「文之不能不古而今也，時使之也。妍媸[3]之質，不逐目而逐時。……夫古有古之時，今有今之時，襲古人語言之跡而冒以為古，是處嚴冬而襲夏之葛[4]者也」。

在《與江進之》中又說：「闗如《周書》、《大誥》、《多方》等篇，古之告示也，今尚可作告示不？《毛詩》、《鄭》、《衛》等風，古之淫詞媟語也，今人所唱《銀柳絲》、《掛針兒》之類，可一字相襲不？世道既變，文亦因之。今之不必摹古也，亦勢也。張、左之賦[5]，稍異揚、馬[6]，至江淹、庾信諸人，抑又異矣。唐賦最明白簡易，至蘇子瞻直文耳。然賦體日變，賦心亦工，古不可憂，後不可劣。若使今日執筆，機軸尤為不同，何也？人事物態，有時而更，鄉語方言，有時而易，事今日之事，則亦文今日之文而已矣。」

前一段話主要是從理論上來說明「文之不能不古而今」，是時代造成的，也就是說文學是時代的產物。文學作品美和醜的本質，不是隨人們的眼光，而是隨時代的腳步。因為古有古的時代，今有今的時代。如果沿襲古人的語言來冒充古文的話，那就像到了冬天還穿夏天的衣服那樣不合時宜。

3　妍媸：妍：美麗。媸：醜，與妍相對。
4　葛：一種植物，纖維可以織布。這裏指夏天穿的葛衣。
5　張左之賦：指張衡的《二京賦》和左思的《三都賦》。
6　揚、馬：指西漢文學家揚雄和司馬相如。

後一段話，則是用具體事例來論證文隨時變的道理。譬如《尚書》中的許多篇章，那是古時候的告示，今天還能用來作告示嗎？《詩經》中鄭風、衛風是談情說愛的民歌，就像今天的《銀柳絲》、《掛針兒》，也可沿襲來歌唱嗎？時代變了，文學作品也要隨之而變。今人不必模擬剿襲古人，這也是時代發展的趨勢。接著又以賦的發展為例，來說明「賦體日變，賦心亦工」，所以說「古不可憂，後不可劣」。如果讓今人來寫賦的話，創作的「機軸」更不相同，什麼原因呢？這是由於時代變了，人事、物態、鄉語、方言都不同了，所以文學也必然地隨著時代的變化而變化，發展而發展。這就正如車爾尼雪夫斯基在《生活與美學》中講的那樣：「每一代的美都是而且也應該是為那一代而存在，它毫不破壞和諧，毫不違反那一代美的要求；當美與那一代一同消失的時候，再下一代就將會有他自己的美，新的美。」

這就是美的時代性。由於美是隨著人類社會實踐活動而產生的，它也將隨著人類社會實踐活動的發展而發展。作為藝術美之一的文學藝術，其情形也必然如此。

此外，為了進一步論證其理論的合理性，袁宏道在《敘小修詩》中又尖銳指出：「蓋詩文至近代而卑極矣。文則必欲準於秦漢，詩則必欲準於盛唐，剿襲模擬，影響步趨……曾不知文準秦漢矣，秦漢人曷嘗字字學六經歟？詩準盛唐矣，盛唐人曷嘗字字學漢魏歟？秦漢而學六經，豈復有秦漢之文？盛唐而學漢魏，豈復有盛唐之詩？唯夫代有升降[7]，而法不相沿，各極其變，各窮其趣，所以可貴，原不可有

7　代有升降：意謂各個時代的詩文有盛有衰。

優劣論也。且夫天下之物，孤行則必不可無，必不可無，雖欲廢而不能；雷同則可以不有，可以不有，則欲存焉而不能。故吾謂今之詩文不傳矣！」

這裏，作者使用反證法和對比法，來駁斥「文必秦漢，詩必盛唐」的復古主張，並進而闡述自己文隨時變的理念。他說如果秦漢盛唐都像我們今天這樣復古擬古，難道還會有秦漢人自己的文章和盛唐人自己的詩歌嗎？答案不言而喻。所謂的「孤行」，是指具有獨創性的文學創作，而「雷同」是指那些千篇一律的詩文。由於「孤行」是天下事物中必不可無的事物，想廢除誰都辦不到；而「雷同」則是天下可以不有的事物，「可以不有」，想存世也不可能。故而結論只能是復古擬古的詩文不能流傳。把「孤行」與「雷同」加以對比，不但結論更加有力，而且還豐富了「世道既變，文亦因之」的內涵，又把文學藝術的獨創性提到了天下事物中「必不可無」的高度。可見作者論述的高超和識見的遠大。

袁氏兄弟的文學發展觀、獨創性，從根本上講，是從他們宣導的「性靈說」中延伸而來的，也可以說是其「性靈說」的一個重要組成部分。所謂的「性靈」，除了指一個人真實的情性欲望之外，還包含一層「靈」——靈氣或天生的才氣之意。所以袁宏道在《敘小修詩》說的「獨抒性靈，不拘格套」，不僅強調了文學創作要抒發作家自己獨有的真情性，和天生的靈氣，而且還要作家突破陳規，「不拘格套」地展示出藝術的獨創性，這樣才能使自己的作品成為天下「必不可無」。

但袁氏兄弟的論說並未到此為止，根據自己因為文學創作既然要發展，他們提出並特別強調「膽」——即藝術家進行自由創作的勇氣和膽量——在文學創作中的重要性。如袁中道在其《珂雪齋文集》卷一中說：「天下無百年不變的文章，有作始者自有末流，有末流還有作始。……季周之詩，變於屈子，三唐之詩，變於杜陵，皆楚人也。夫楚人者，才情未必勝於吳越，而膽勝之。當其變也，相沿已久；而忽自我鼎革，非世間毀譽是非所不能震撼者，烏能勝之。」（《花雲賦引》）

　　意思很明白，天下文章從來沒有百年不變的。當變化發生的時候，原先的格式套子已經沿襲很久，忽然要從「我」這裏發生，除非毀譽是非都不能使他動搖的人不能成功。換言之，這樣的「自我鼎革」必須要有「毀譽是非，一切不問，怒鬼嗔人，開天闢地」（《珂雪齋文集》卷九《妙高山法寺碑》）的勇氣和膽量才能實現，才能「言人之所欲言，言人之所不能言，言人之所不敢言」（公安派成員雷思霈序袁中郎《瀟碧堂集》）。由此也可見「膽」的重要性。

　　總之，以袁宏道為代表的公安派，他們的論說，不僅從正反兩個方面具體而深入地論述了文隨時變的合理性、必然性，而且還從藝術發展的角度來論證了文學藝術的獨創性，和「膽」在文學創作中的重要性，這使其「世道既變，文亦因之」之說成為明清美學中最鮮明、具體，最有說服力的文學發展觀。這個觀點非但在其時曾產生強烈的反響，有力地推動了反對「文必秦漢，詩必盛唐」復古主義思潮的論爭，對後世的文學發展也帶來深遠的影響。如袁氏兄弟對「膽」在文學創作中重要性的論述，對於後來葉燮美學思想體系中的一個重要美

學範疇「膽」的產生，就有著直接的啟迪。這都是值得我們特別留意的。

曲之本色，在能入眾
——明清戲曲美學中具有代表性、總結性的本色論

　　王驥德（約1540-1623），字伯良，號方諸生，別署秦樓外史，會稽（今浙江紹興）人。王驥德出生戲曲世家，祖、父均精於戲曲。家藏元人雜劇數百種，他受家庭薰陶自幼酷愛戲曲。其一生書劍飄零，淡泊名利，未入仕途，全身心地致力於戲劇創作與戲劇理論的研究。曾先後寫有《題紅記》、《男王後》等九種傳奇、雜劇，並校注過《西廂》、《琵琶》等作品，是明代有名的戲曲作家、曲論家。而使他留名中國戲劇史的，則是其理論著作《曲律》。《曲律》全書共四卷，分四十章，內容涉及戲曲源流、劇本結構、文辭、聲律、科白，以及對作家作品的評論等許多方面。他力求在總結前人成果的基礎上實現戲曲理論的發展和突破。用他的話來說，就是要「從世界闕陷者一修補之耳」（《雜論》第三十九）。其中最具代表性總結性的理論建樹，是所謂的「曲之本色，在能入眾」的本色論。

　　比如在《雜論》中他說：「世有不可解之詩，而不可令有不可解之曲。曲之不可解，非入方言，則用僻事之故也。」「作劇戲，亦須

令老嫗解得，方入眾耳，此即本色之說也。」又在《論過曲》中說：「奏之場上，不論士人閨婦，以及村童野老，無不通曉，始稱通方。」

這就是所謂的「曲之本色，在能入眾」。很顯然，在此作者只是從戲曲的文體特徵來討論本色。「曲」與「詩」是兩種不同的文體。「詩」是案頭之作，寫出來是讓人看的、讀的，要有可回味的餘地。「曲」是供舞臺演出的，既要讓人看，又要讓人聽。舞臺上的唱詞，往往一聽而過，稍縱即逝。如果盡用些地方方言，或生僻的典故，那是很難令觀眾「可解」的。因此，戲曲創作「須令老嫗解得，方入眾耳」，讓大家都聽得懂，看得明，才是曲的「本色」。

可以說，「曲之本色，在能入眾」，只是戲曲創作最基本的要求，其內涵卻遠遠不止於此，能達到這一要求也殊為不易。戲曲作者應在如下幾方面引起高度的關注：

一、在形式和內容的關係問題上，要以真實反映客觀事物、體貼人情物理為重、為主，不可以形式掩蓋乃至壓倒內容。他說：「曲之始，止本色一家……自《香囊記》以儒門手腳為之，遂濫觴而有文詞家一體。近鄭若庸《玉塊記》作，而益工修詞，質幾盡掩。夫曲以模寫物情，體貼人理，所取委曲宛轉，以代說詞。一涉藻繢，便蔽本來。」（《論家數》）

這就是說，「曲」要能「入眾」，在形式和內容的關係上，作者應當把描寫外界客觀事物、反映並貼近現實生活作為重點。要把那些為人們所熟習的、符合生活規律的「人情物理」，創作為委曲宛轉的

唱詞。這樣，才能容易為人們理解和接受。決不可像鄭若庸的《玉塊記》那樣用雕琢華麗的辭藻掩蔽了戲曲的內容。這就叫「一涉藻繢，便蔽本來」（「本來」即本色）。

二、在語言的雅俗問題上，要兼收並蓄。雖然王驥德主張戲曲語言「須令老嫗解得，方入眾耳」，但他並不片面追求本色，而是說，「純用本色，易覺寂寥」，「本色之弊，流於俚腐」（《論家數》）。全部都用本色語言，容易使人感到不豐富。而且本色語言用得多了，還有可能流於庸俗粗鄙的。儘管他認為過分追求文詞的修飾，會掩蓋內容（「益工修詞，質幾盡掩」），但他卻並不一概反對戲曲語言的文采，只是說「文詞之病，每苦太文」（太深奧，不易「入眾」），「純用文詞，復傷雕鏤」。因此他才在《論戲劇》中提出：「詞格俱妙，大雅與當行參間，可演可傳，上之上也。」「大雅與當行參間」，就是文詞和本色交互使用。他還以湯顯祖的劇作作為典範，來進一步闡釋和強調：「於本色一家，亦惟奉常（湯顯祖）一人，其才情在淺深、濃淡、雅俗之間，為獨得三昧。」（《雜論下》）「獨得三昧」，即真正抓住了戲曲創作的關鍵。可見，「大雅與當行參間」，亦即「淺深濃淡雅俗之間」，才是處理雅俗關係，「能入眾耳」問題的最佳方案，同時也是「可演可傳」的最上等作品不可或缺的組成部分和必要條件。之所以如此，一是由於觀眾既有村夫野老，又有文人學士，戲曲語言必須兼顧觀眾的這種不同，也就是要兼顧文學性和舞臺性。二是由於戲曲中角色的身份、職業、個性、素養等各不相同，什麼樣的角色，就應當說什麼樣的話。《琵琶記》中的蔡伯喈是文人狀元，就用文調，其結髮妻趙五娘是普通家庭婦女，就是家常語言。王驥德說

《琵琶記》文詞本色兼而有之,「小曲語語本色,大麯引子⋯⋯等調,未嘗不綺繡滿眼,故是正體」(《論家數》)。雖說「大雅與當行參間」,但他也強調:「大麯宜施文藻,然忌太深;小曲宜用本色,然忌太俚。」(《論過曲》)又說:「對口白須明白簡實,用不得太文字。凡用之、乎、者、也,俱非當家。」(《論賓白》)

　　三、在戲曲藝術的本質規律問題上,要「悟」,要表現人的「自我真性」。他說:「當行本色之說,非始於元,亦非始於曲,蓋本宋嚴滄浪之說詩。滄浪以禪喻詩,其言:『禪道在妙悟,詩道亦然。惟悟乃為當行,乃為本色。』⋯⋯又云:『須以大乘正法眼為宗[1],不可令墮入聲聞辟支之果[2]。』知此說者,可與語詞道矣」。(《雜論上》)

　　王驥德曾師從徐渭,而徐渭說過:「文既不可,俗也不可,自有一種妙處,要在人領解妙悟。」通過這段話我們能夠看出徐渭對他的影響。如果我們再聯想禪宗六祖惠能講的「見性成佛」、「頓悟成佛」,以及「迷人漸契,悟人頓修,自識本心,自見本性,即無差別」等,就可看出,「悟乃為當行,乃為本色」其側重點實在是強調戲曲的藝術本質是要表現人的「自我真性」。而這和徐渭所主張的表現「真我」的本色說也是一脈相承的。在《西廂記序》中徐渭說得很清楚:曲中的角色,奴婢就是奴婢;夫人就是夫人。如果把奴婢「塗抹成主母而多插戴」,「反掩其素」,人物就不倫不類,失去了本色,自

1　須以大乘句:正法眼,佛家用語,指修行時具正確、高明的眼力。句意是說必須以大乘正確、高明的判斷力為宗。
2　不可令墮入聲聞辟支之果:辟支:辟支迦佛陀的簡稱,一般稱之為中乘。聲聞:是由誦經聽法而悟道,稱之為小乘。辟支聲聞亦可通稱小乘。句意謂不可讓其墮入中小乘那樣的境地。

然就很難「入眾」。他還明確指出：「豈惟劇者，凡作者莫不如此。」就是說，不但戲曲作品中的角色是這樣，戲曲作　家也不能「塗抹」自我「而多插戴」，要表現自我的天然本性（「真我」），以及獨特的個性、風格和審美情趣等。

綜上所述，我們不難看到，王驥德主張的「曲之本色，在能入眾」的本色論，其內涵既包括了以語言通俗，能為老嫗解得，「模寫物情，體貼人理」的本色；又包括了不失真我，不蔽本來的本色，還包括了「才情在淺深濃淡雅俗之間」而獨得「曲家三昧」的本色。較之吳中派曲壇領袖沈璟的以詞語的俚俗拙樸為本色[3]之說，臨川派戲曲大師湯顯祖的「本色」即「真色」[4]之說，以及其時的何良俊、呂天成、徐渭等對本色的論說，都要豐富深入得多。我們說王驥德「曲之本色，在能入眾」之說，是明清戲曲美學中最具代表性、總結性的本色論原因也在此。他的戲曲觀點後來直接影響了清代李漁的戲曲理論，且為其戲曲通俗化、大眾化的藝術主張，提供了理論基礎。其間的傳承脈絡也是需要我們梳理研究的。

3　沈璟在《南九宮譜》中稱「不撐達」、「不睹事」、「勤兒」等俗語「皆詞家本色語」，「俱是詞家本色字面，妙甚」。
4　見湯顯祖《焚香記總評》。他說：「其填詞皆尚真色，所以入人最深，遂令後世之聽者淚，讀者顰，無情者心動，有情者腸裂。」「真色」指表達的情「真」，所以才能感人，是其「唯情說」的引申。

十年格物，一朝物格
——明清小說美學中典型的典型人物創作論

　　我們知道，金聖歎[1]是明末清初著名的批評家，是小說評點的集大成者。金聖歎一生未仕，全身心致力於著述、評點，因而深知塑造典型人物對於小說創作的重要性。在對《水滸》的評點中，他提出了很多精闢的見解。如他說人物要「各自有其胸襟，各自有其心地，各自有其形狀，各自有其裝束」（第二十五回總評）。這是強調典型人物必須要具有獨特的個性。他說：「《水滸傳》只是寫粗魯處，便有許多寫法，如，魯達粗魯是性急，史進粗魯是少年任氣，李逵粗魯是蠻……」（《讀第五才子書法》），則是說個性與共性是相統一的，或者說共性正寓於個性之中。其它如典型人物的肖像、動作、語言要性格化，要具有獨一無二的特點，以及塑造典型人物應採取與其性格、個性相符合的多樣的藝術表現手法等，他也都談得很具體很深刻，是人們公認的金聖歎小說美學中極有價值的部分。

1　金聖歎（1608-1661）明末清初文學批評家，小說評點的集大成者。名採，字若採。明亡後改名人瑞，字聖歎。吳縣（今屬江蘇）人。明代諸生，一生未仕。少有才名，喜批書，好談《易》，亦好講佛，常以佛詮釋儒、道，論文喜附禪理。曾以《離騷》、《莊子》、《史記》、《杜詩》、《水滸》與《西廂》合稱六才子書，並欲逐一對其批改、評點。入清後因「哭廟案」被殺。有些著述未及完稿。影響最大的是對《水滸》、《西廂》的評點。善詩，有《沉吟樓詩選》存世。

在其一系列關於塑造典型人物的論述中，最精闢、最具代表性的，卻是他「十年格物，一朝物格」這一著名的創作論。在《第五才子書序三》中他說：

「《水滸》所敘，敘一百八人，人有其性情，人有其氣質，人有其形狀，人有其聲口。夫以一手而畫數面，則將有兄弟之形；一口吹數聲，斯不免再映²也。施耐庵以一心所運，而一百八人各自入妙者，無他，十年格物，而一朝物格，斯以一筆而寫百千萬人，固不以為難也。」

這段話的意思是說：《水滸傳》寫的一百零八個人，每人都有他獨特的性情、氣質、形狀和聲口。如以一手來畫幾個人的面孔，就會有弟兄般的形象，以一口而吹幾種聲音，那聲音就不免很小。但是施耐庵一個人創作的一百零八個人物，個個都栩栩如生，惟妙惟肖，沒有別的原因，是因為作家長期觀察、分析、推究世間各種事物的種種原理，日積月累，久而久之，便能在「一朝」之內對世上的人情物理豁然貫通。這樣，一個作家即便寫百人千人萬人，也就不以為難了。

這裏，金聖歎不但明確回答了一個作家何以能塑造眾多各不相同的人物形象問題，而且還回答了此前容與堂本《水滸傳》評點中所沒有回答的問題。如容本評點《水滸一百迴文字優劣》中僅僅說：「世上先有《水滸傳》一部，然後施耐庵、羅貫中借筆拈出。若夫姓某名某，不過劈空捏造，以實其事耳」，卻並未回答為什麼一個作家寫那麼多人物，卻能做到「說淫婦便像個淫婦，說烈漢便像個烈漢，說呆

2　映：口吹物發出的小聲。

子就像個呆子……」（容本二十四回總評）。而金聖歎的回答是從「格物」到「物格」，這不能不說是他的獨特和高明之處。

他又說：「格物也有法，汝應知之。格物之法，以忠恕為門。」格物的方法是把忠恕作為房門。打開「忠恕」這扇大門，然後才能登堂入室。對於「忠恕」，金聖歎在《第五才子書》四十二回首批中說：「率我之喜怒哀樂自然誠於中形於外謂之『忠』，知國家天下之率其喜怒哀樂無不自然誠於中形於外謂之『恕』。」在《序三》中他又說：「何謂忠？天下因緣生法，故忠不必學而至于忠，天下自然，無法不忠。火亦忠，眼也忠，故吾之見忠；鍾忠，耳忠，故聞無不忠。吾既忠，則人亦忠，盜賊亦忠，犬鼠亦忠。盜賊犬鼠亦忠者，所謂恕也。」可見在他看來，把自己人的本性（喜怒哀樂）不加掩飾，自然而然地按照本來面目表現出來的都是「忠」，瞭解了天下的人和事物，也按照本來面目表現的就叫「恕」。金聖歎的「忠恕」其實與孔子所說的「己欲立而立人，己欲達而達人」、「己所不欲，勿施於人」的意思是一致的，就是要「推己及人」。即認識到自己個性的必然存在，就要承認天下一切的個性存在；認識到自己的個性乃特殊因緣所造成，就知道天下一切的個性都由特殊因緣而造成。佛教「因緣生法」認為，現實世界中一切事物（現象）的產生和消亡都有一定的根據和條件。金聖歎把儒、佛兩家的概念、術語應用到塑造典型人物之中，用來說明作家創造人物形象，應掌握因緣生法的規律，推己及人，設身處地去推測、揣摩，在一定的環境中，一定的條件下會產生什麼樣的人物，在一定的環境裏某種人會有怎樣的想法、動作，會有什麼樣的語言和表情等。這樣才可以創造出個性鮮明栩栩如生的人物

形象。

　　一個作家描寫熟悉的或與自己性格相近的人物，當然可以利用自己的知識、經歷、生活經驗，通過「忠恕」的格物之法，把人物寫活，但要描寫與自己性格、氣質不同，甚至是作家所厭惡、憎恨、鄙棄的人物，又該怎麼辦呢？金聖歎自己也說：「若夫耐庵之非淫婦，非偷兒，斷斷然也。今觀其寫淫婦居然淫婦，寫偷兒居然偷兒，則又何也？」（第五十五回總評）他自己回答說：「吾知之矣！非淫婦定不知淫婦，非偷兒定不知偷兒也。謂耐庵非淫婦，非偷兒者，此自是未臨文之耐庵耳。若夫既動心而為淫婦，既動心為偷兒，則豈為淫婦、偷兒而已。惟耐庵於三寸之筆，一幅之紙之間，實親動心而為淫婦，親動心而為偷兒。既已動心則均矣，又安辨泚筆點墨之非入馬通姦[3]，泚筆點墨之非飛簷走壁耶？」

　　這裏，「動心」是說作家創造人物形象時，把自己的全部身心融入到人物的精神世界中去，不論人物是男是女，是奸是雄，作家都要像演員進入角色那樣與其所寫的人物同呼吸共命運。作家既然在想像中體驗了淫婦、小偷的心理活動，就和淫婦、小偷在心理上相同了（「則均矣」），哪裏還分辨得出二者的不同？可見所謂的「動心」不是要求作家按自己的個性、氣質來刻畫人物，而是要作家在創作時暫時進入人物的精神領域或情感狀態，隨男而男，隨女而女，隨奸雄而奸雄，隨豪傑而豪傑。這樣作家便能把人物刻畫得真實生動，個性鮮明。

3　泚筆點墨：指寫作過程。入馬：俗語，指成奸。

但是由於所謂的「動心」是從「忠恕」和「因緣生法」而來的，是對「格物之法」的進一步的發展和體現，所以金聖歎又說：「忠恕，量萬物之斗斛也。因緣生法，裁世界之刀尺也。施耐庵左手握如是斗斛，右手握如是刀尺，而僅乃敘一百八人之性情、氣質、形狀、聲口者，是猶小試其端也。」（《序三》）這樣，他就把施耐庵「寫淫婦居然淫婦，寫偷兒居然偷兒」的原因，講得更透徹更簡明。只要掌握了「忠恕」的斗斛，和「因緣生法」的刀尺，塑造什麼樣的典型人物，就都「是猶小試其端也」（即用很小的功夫便可描寫出人物的頭緒）。

金聖歎這些精闢、獨到的論述，對後來毛宗崗評點《三國演義》、張竹坡評點《金瓶梅》，以及曹雪芹創作《紅樓夢》等，都有著直接或間接的影響。這正如葉朗先生在《中國美學史大綱》中所講的那樣：「金聖歎是中國美學史上的一位天才。……特別是他關於塑造典型人物的見解，無論就其深度和廣度來說，在中國美學史上都是空前的。……應該說，中國古典的小說美學，只是到了金聖歎才算真正建立起來。這是金聖歎在中國美學史上劃時代的貢獻。」

至情至理，人各有當
——明清小說美學中精闢的、具有突破性的人物性格創作論

　　關於小說人物性格的創作問題，從容與堂本《李卓吾批評忠義水滸傳》問世之後，引起人們的廣泛關注和高度重視，一時小說評點紛紛繼起，諸多說法層出不窮。先是金聖歎在其《水滸》評點（《第五才子書》）中提出典型人物的塑造應當「各自有其胸襟，各自有其心地，各自有其形狀，各自有其裝束」，要求小說人物必須具有獨特的個性。但他對個性化的內涵並未做出深入闡發。後來毛宗崗在評點《三國演義》時說：「古史甚多，而人獨貪看《三國志》者」，是因為它塑造了一系列的典型人物。這些人物「一人有一人的性格，各各不同，寫來真是好看」。可是他把《三國演義》中的諸葛亮、關羽和曹操稱之為「三奇」、「三絕」，說諸葛亮是「古今來賢相中第一奇人」，關羽是「古今來名將中第一奇人」，曹操是「古今來奸雄中第一奇人」，分別是「忠」和「智」、「義」和「勇」、「奸」和「惡」的化身。這樣，他就把典型人物絕對化，而且把塑造典型人物的出發點，從現實生活移到了道德觀念，這是非常錯誤的。張竹坡後來扭轉了這種絕對化、概念化的傾向，主張人物的個性化要在「於一個人心中討出一

個情理，則一個人的傳得矣」（見王汝梅《金瓶梅讀法解析》之四，時代文藝出版社，2007年）。什麼是「情理」呢？「情理」即現實生活中的人情物理，也就是人和人的關係，表現出了人和人的關係，便能「現各色人等」，從而塑造出一個個個性化的人物形象。這是塑造典型人物論的一個很大發展，但他也沒有具體展開加以闡釋，僅僅為人們認識人物性格的複雜性提供了一個基礎和方向。脂硯齋[1]在繼承金聖歎、張竹坡思想的基礎上，深刻而具體地論及了小說人物性格多側面的複雜性和典型性，在評點《紅樓夢》時提出的人物描寫要「至情至理，人各有當」成為當時最具突破性的重要主張。

《紅樓夢》四十三回「閒取樂偶攢金慶壽」中，寫尤氏把周姨娘、趙姨娘為鳳姐做生日湊份子的銀子，私下裏退給了他們，二人千恩萬謝地收下之後，（庚辰本）脂硯齋批語寫道：「尤氏可謂有才矣。論德比阿鳳高十倍，惜乎不能諫夫（指尤氏對賈珍的放蕩行為不能管束規勸）治家，所謂『人各有當』。此方是至情至理。最恨近之野史中，惡則無往不惡，美則無一不美，何不近情理之如此耶！」

什麼是「人各有當」？是說人物本來有怎樣的性格特點，就要有與其本來的性格特點相稱、相適合的描寫。以尤氏為例，就是既寫她有才有德的一面，又寫她不能「諫夫治家」的一面，這才是真實表現人物性格的複雜性和豐富性，才能讓讀者「橫看成嶺側成峰」，對人物有一種多側面的立體感和清晰的真實感。

---

1 脂硯齋：《紅樓夢》的點評者之一。關於其人的真實身份，歷來眾說紛紜，莫衷一是，迄無定論。紅學界曾有人說脂硯齋就是曹雪芹，也有人說脂硯齋是一位和曹雪芹相熟相知的女性，還有說脂硯齋是曹雪芹的叔父。這些觀點都有一定根據，根據卻都不夠充分。但脂硯齋的點評往往極為精當，入木三分，具有極高的價值，卻是學界不爭的事實。

脂硯齋的看法，與曹雪芹的觀點以及《紅樓夢》的創作實際都是合拍的。比如《紅樓夢》第一回，曹雪芹便借石頭之口，批判歷來的才子佳人小說「千部共出一套」，「滿紙潘安、子建、西子、文君」，「逐一看來，悉皆自相矛盾，大不近情之語」。又如第二回中他借賈雨村之口，指出《紅樓夢》裏的主要人物都是「正邪兩賦而來一路之人」，他們「上則不能成仁人君子，下也不能為大凶大惡。置之於萬萬人中，其聰俊靈秀之氣，則在萬萬人之上；其乖僻邪謬不近人情之態，又在萬萬人之下」。《紅樓夢》裏的主要人物，其情形的確如此。

例如王熙鳳，她是賈璉之妻，容貌美麗，又有出眾的才幹，因而成為榮國府裏的管家媳婦。在「協理寧國府」的葬禮一節，她不負眾望，把許多繁雜的事務，不論大小，都處理得井井有條，妥帖得體，充分表現了她超常的管理本領。她置身於賈府複雜的矛盾漩渦之中，應對自如。然而她的性格中卻有心狠手辣、殘忍陰毒的一面，如用陰險狡詐的手段逼死尤二姐，「毒設相思局」害死賈瑞等，但她也有爽朗大度的一面，贏得府中老少上下的喜悅。作者借書中人物之口，說她「嘴甜心苦，兩面三刀；上頭笑著，腳底使絆子；明是一盆火，暗是一把刀，她都占全了」。但就是這樣一個精明能幹的女人，卻也曾遭到過趙姨娘的暗算，還常受婆婆（邢夫人）的氣。到了賈府日益衰落之時，她以病體恃強支撐，終因心勞力拙而死。王熙鳳這個人物性格多側面複雜性的具體體現，當然就也是脂硯齋所謂的「人各有當」。

又如襲人是寶玉身邊的一個「高級」丫頭，比一般丫頭更得寵，有其特殊的地位。但當她和丫頭、婆子發生口角時，她卻不是有恃無

恐盛氣凌人，總是忍讓，顯得相地寬厚。她對主子極其溫順，似乎有點勢利，可她很同情劉姥姥，惜老愛貧，似乎又一點也不勢利。她為人處世圓通世故，但她對鴛鴦的慘死，卻有真摯的同情。她在奴才中表現最為正派、規矩，還時不時地告誡寶玉，但正是她第一個與寶玉「同領警幻所訓之事」，作出了不規矩的事情。她對寶玉既有「從」也有「愛」；既有奴僕對主子的卑微、恭順，也有少女對戀人真實的癡情。這一切都充分表現了她性格中包含的美與善、醜與惡，可以說她的性格是由很多二重組合單元交叉構成的。

總之，《紅樓夢》裏的眾多人物，之所以讓人深深為之歎服，百讀不厭，其原因皆在於它是「真正情理之文」，其中所描寫的人物是真實的，是從實際生活中提煉出來，且具有多側面的複雜的典型人物。

脂硯齋「至情至理，人各有當」之說，恰恰道出了《紅樓夢》在典型人物塑造方面的最成功之處，但毋寧說是《紅樓夢》的創作實踐使脂硯齋得出了這樣的結論。所以魯迅先生在論《紅樓夢》時也說：「至於說到《紅樓夢》的價值，可是在中國的小說中實在是不可多得的。其要點在敢於如實描寫，並無諱飾，和從前的小說敘好人完全是好，壞人完全是壞大不相同，所以其中所敘的人物，都是真的人物。總之自有了《紅樓夢》出來以後，傳統的思想和寫法都打破了。」（《中國小說的歷史變遷》）

魯迅這段話的意思，與脂硯齋的觀點是一致的。「至情至理，人各有當」之說，比起金聖歎、毛宗崗等人對於人物性格複雜性的看

法，顯然要深刻得多，我們稱之為明清小說美學中最深刻的人物性格創作論，原因也在於此。

因借體宜，園宛天開
——明清時期經典的、最具綱領性的園林美論

　　「因借體宜，園宛天開」這句話，是由明代園林營造大家計成[1]所著《園冶》中的兩句話組合而成。這兩句話是：「雖由人作，宛自天開」，和「巧於因借，精在體宜」。《園冶》這部造園專著堪稱是中國古代園林藝術的經典之作，全書共分三卷。第一卷分總述「興造論」，和論述造園步驟的「園說」兩個部分（「園說」又分「相地」、「立基」、「屋宇」、「裝折」等）；第二卷單講「欄杆」；第三卷由「門窗」、「牆垣」、「鋪地」、「掇山」、「借景」等篇組成。但全書綱領和立論之所在，亦即全書精髓，卻在上面提到的兩句話。

　　「雖由人作，宛自天開」，是說精美的園林雖然是由人工興造的，但它卻應如天然生成的那樣逼真，不留一點人工痕跡。這是造園的最高境界。按計成的說法，這樣理想的園林，它應當是：「自然幽雅，深得山林之趣」，「花間隱榭，水際安亭，斯園林而得致者」（《立基》）。無論是在「山林地」上「欄逗幾番花信，門灣一帶溪流，竹

---

[1]　計成（1582—？）：字無否，號否道人。明末松陵（今江蘇吳江）人。年輕時，以能詩善畫山水而小有名氣。並喜遊歷風景名勝。足跡遠至燕、楚等地。中年後回到江南。定居鎮江，從事造園。所造園林有吳玄的「東帝園」，汪士衡的「寤園」和鄭元勳的「影園」。所著《園冶》，不傳三百年，後於20世紀30年代重見天日，為今人所重視。

裏通幽，松　隱僻[2]」，還是在「城市地」裏「窗虛蕉隱玲瓏，岩曲松根盤礴[3]，足徵市隱[4]，猶勝巢居」（《相地》），它的「奇亭巧榭」，「層閣重樓」，均可「隱現無窮之態，招搖不盡之春」，園中的「欄外行雲，鏡中流水」，也能「洗山色之不去，送鶴聲之自來」（《屋宇》）。至於「架橋通隔水，別館堪圖[5]；聚石疊圍牆，居山可擬[6]」（《相地》），以及「岩、巒、洞、穴之莫窮，澗、壑、坡、磯之儼是[7]」（《掇山》），所有這一切，都是經過提煉高度濃縮於園中的景物。它們既源於自然，而又高於自然。所以說園林是「多方勝景，咫尺山林」（《掇山》）。

總之，這樣精美的園林，「境仿瀛壺[8]，天然圖畫」（《屋宇》），既能讓人「看竹溪灣，觀魚濠上」，又能讓觀者「俯流玩月，坐石品泉」，是一個「幽人即韻於松僚，逸士彈琴於篁[9]裏」（《借景》）的好去處。

不難看出，計成所追求的「天然圖畫」似的園林，既不同於規模宏大、景觀齊備的皇家園林，又不同於以自然景觀為主，臨岩近巔，依澗傍水的寺觀園林，更不同於強調幾何形狀，整體統一，規則造型的西方園林。而是代表了文人士大夫生活方式和審美情趣的一種中國

2　松僚隱僻：僚：小窗、僧舍。松窗隱僻，這裏指園林中隱蔽的房舍。

3　松根盤礴：盤礴：盤腿而坐。是說松樹的根露出在地上很多，像人盤著腿的樣子。

4　足徵市隱：徵：證明。市隱：在城市中隱居。全句說充分證明這就是在城市中的隱居。

5　別館堪圖：別館：相當於今日的別墅。堪：可以、能。圖：謀劃、考慮。句意是說可以考慮修一座別墅。

6　居山可擬：擬：模仿、模擬。句意謂可以模仿山中居住。

7　儼是：端整、正確的意思。

8　瀛壺：瀛：瀛洲，傳說僊人所居的山名。瀛壺，即僊人所在的「壺中天地」。《後漢書·方術傳》中說：有一賣藥老翁，懸壺於肆頭，及市罷，忽然跳入壺中，結果壺裏便出現「玉堂嚴麗，旨酒甘肴盈衍其中」的景象。於是人們便稱之為壺中天地。

9　篁：泛指竹子。

式的私家園林。這種園林人可在其中起居，而且還有很高的審美價值，就像郭熙對山水畫中妙品的要求那樣，既「有可行者，有可望者」，又「有可遊者，有可居者「（《林泉高致·山川訓》），是一種充滿著詩情畫意，體現了古代天人合一理念的精美之地。

　　當然，這樣的園林是很難造就的，要靠什麼方法才能實現呢？在《興造論》中計成回答得很清楚：「巧於因借，精在體宜。」這是貫穿《園冶》全書的一條紅線。他解釋說：「因者，隨基勢高下，體形之端正，礙木刪椏，泉流石注，互相借資，宜亭斯亭，宜榭斯榭，不妨偏徑，頓置宛轉，斯謂精而合宜者也。借者，園雖別內外，得景則無拘遠近，晴巒聳秀，紺宇凌空，極目所至，俗則屏之，嘉則收之，不分町 [10]，盡為煙景，斯所謂巧而得體者也。」

　　就是說，「因」是要按照自然地勢的高低，體形的端正，因勢利導興造景物，而不是任意改造自然的原有狀況。其間有礙的樹木，需刪的枝椏，以及流泉注石，皆可相互作為憑藉。按照適合建亭或修榭。沒有妨礙的小路，還可設置得曲折彎轉。能做到這些，可以說達到了精當有合宜的要求。《相地》篇中說：「園基不拘方向」，「得景隨形」。《立基》篇中說：「開土堆山，沿池駁岸」，「疏水若為無盡，斷處通橋；開林須酌有因，按時架屋」，以及《屋宇》篇中對長廊的要求，「隨形而彎，依勢而曲，或蟠山腰，或窮水際，通花渡壑，蜿蜒無盡」等，也都是對「因」的具體闡述和注釋。

　　而「借」則是指園內外的聯繫。雖然「借景」，有園外之「借」

---

10 町 ：町：田畝、田間小路。 ：村莊。町 泛指田野和村莊。

和園內之「借」的區別，但得景卻不分遠近，原則是「極目所至，俗則屏之，嘉則收之」。方法就是設置適當的眺望點，使視線越出園垣，將聳翠秀麗的山巒，古寺凌空的勝景，以及綠色的田野，遠處的村莊，通過借景的手法統統收入園中。做到這些，可以說就做到了巧妙而得體。

中國古代的園林，無論大小，也無論建在何地，多數都有圍牆，其境界必然是有限的。要想豐富園林的景觀，使其從有限而致無限，從簡約達到繁富，從而形成一種「天然圖畫」的「壺中天地」，必須靠「借」才能實現。計成極其重視「借」的作用，認為借景是「林園之最要者」（《借景》），為此不僅專門寫了《借景》來論述，這一思想也貫穿在《園冶》中的許多篇目。

比如《借景》中說：「眺遠高臺，搔首青天那可問；憑虛敝閣，舉杯明月自相邀。」《園說》中說：「山樓從遠，縱目皆然。」「軒楹高爽，窗戶虛鄰。」以及《立基》中要求樓閣，可「立半山半水之間，山半上以為平屋，更上一層，可窮千里目也」。這些都是說要借園外之景，就必須提高視點，擴展視野，突破園林本身的空間限制，從而才能有「納千頃之汪洋，收四時之爛縵」（《借景》）的藝術效果。

園內之「借」，則要「宇隱環窗，彷彿片圖小李，岩巒堆劈石，參差半壁大癡[11]」；或「移竹當窗，分梨為院」（《園說》）；或「半窗壁隱蕉桐，環堵翠延蘿薜」（《借景》）；「切記雕鏤門空，應當磨琢窗垣。處處虛鄰，方方側景」（《門窗》）。這樣才能豐富觀者對空

---

11 小李，指唐畫家李昭道。大癡，指元畫家黃公望。

間美的感受。令其仰觀，可以看到「風鴉幾樹夕陽」；平視可見「湖平無際之浮光」；遙望能盡「山媚可餐之秀色」。甚至還可讓人聞到「悠悠桂子」的「冉冉天香」，聽到「梧葉忽驚秋落，蟲草鳴幽」的音響（《借景》）。

總之，這樣通過「借」和「造」展現出來的「景」，是非常之美的，真可謂聲色味俱全，四時景皆備。

由於有如此精深的「因借體宜」相輔相成的造園理念，又在當地為人作過「疊石」的示範表演，故《園冶》尚未刊行之時，計成在鎮江當地就已名聲大振。進士吳玄慕名請他主持建造「東帝園」。中翰汪士衡也請他在鑾江（今江蘇江都）建造「寤園」。園成，名噪一時。

計成的《園牧》一書手稿寫成之後，被汪士衡的友人進士曹履吉（字元甫）看見，脫口贊道：「此乃前無古人的開創，稱牧雖不失謙虛，稱冶卻當之無愧。」計成於是將書更名為《園冶》，於崇禎七年（1634年）刊版印行。然而遺憾的是，這部曾經傳到日本、歐洲，享譽世界的造園學名著，卻由於種種原因（或因明末戰爭頻繁，社會極其動亂，或因阮大鋮曾為《園冶》作序，其人竟棄明降清，被漢人所不齒，竟使《園冶》無辜受到牽連），明珠埋沒竟長達近三百年。文獻顯示，清代只有李漁在《閒情偶寄・女牆》一文中提到過它。後來連計成的名字也漸漸地被人們遺忘了。直到20世紀30年代，中國營造學社的創辦人朱啟鈐，在日本發現《園冶》的抄本《奪天工》，隨後又找到北京圖書館藏的明喜詠軒叢書刻本《園冶》殘卷，以及東京《內閣文庫》庫藏明安慶阮氏刻本《園冶》，並將三者對照整理，於

1932年由學社出版《園冶三卷》，這才使得這顆造園明珠光芒重現。

　　現在，研究《園冶》的人，越來越多，其影響也越來越大了。陳植著《園冶注釋》，張家驥著《園冶全釋》，以及李輈所寫專論《計成<園冶>的美學闡釋》等都廣泛流傳。隨著中國社會經濟的日益發展，人們對於居住和環境之美的要求越來越高，《園冶》中所展現的「因借體宜，園宛天開」的審美理念，和其中種種具體的造園之法，也必然為更多的人所欣賞、接受和借鑒。

填詞之設，專為登場
——明清美學中系統的、最具舞臺藝術特點的戲劇創作論

　　李漁[1]之前，已有許多戲劇論著，如徐渭的《南詞敘錄》、何良俊的《曲論》和朱權的《太和正音譜》等，但它們往往只著眼戲劇創作的音律和詞采，而不談及戲劇創作的舞臺性和舞臺特點。特別是吳江派的領袖，主張格律至上的沈璟，甚至說：「名為樂府，須教合律依腔，寧使時人不鑒賞，不使人撓喉捩嗓。」更是把戲曲作為書面文字來研究，突出的只是「合律依腔」。少數人如王驥德、胡祇遹、湯顯祖等，對戲劇的舞臺藝術特點作過研究，也有過一些精闢的見解，但都比較原則、簡略。只是到了李漁的《閒情偶寄》，戲劇論著「才第一次系統地從『戲』的角度來研究戲劇」（葉朗《中國美學史大綱》，上海人民出版社，1985年，頁413）。李漁並且在前人研究的基礎上，結合自己多年的創作實踐和導演、演出實踐，詳細而具體地探討、論述了戲曲的結構、詞采、音律、賓白、科諢等劇本創作的理論

1　李漁（1611-1679或1680）：字笠鴻，又字謫凡，號笠翁。浙江蘭溪人。青年時代，家境頗優裕，曾遊歷各地。清兵南下後，家道中落。遂移家杭州，以寫書、賣書及演戲維持生計。創作劇本有《比目魚》、《風箏誤》等十種，合稱《笠翁十種曲》。還寫過小說，有短篇小說集《十二樓》和長篇小說《合錦迴文傳》等。最著名最有影響的作品為《閒情偶寄》，是一部當時的生活百科全書，共分八部分：詞曲部、演習部、聲容部、居室部、器玩部、種植部、飲饌部、頤養部。

和技巧；探討、論述了選劇、變調、授曲、教白、正音、習態等舞臺導演的理論和技巧，以及音樂伴奏、舞臺美術、燈光效果等種種手段。可以說，李漁的《閒情偶寄》中有關戲曲的內容十分豐富，涉及面廣泛而深刻，是中國第一部最系統、最完備的戲劇理論專著，也是中國第一部從戲劇創做到戲劇導演和表演，全面總結古代戲劇特殊規律的美學著作。其中最引人注目的部分，是他提出的著名論斷：「填詞之設，專為登場。」

什麼是「填詞之設，專為登場」呢？「填詞」在古代是戲劇創作的特殊稱謂。「填詞」不同於西洋歌劇。西洋歌劇是先由劇作家創作出歌詞，再由音樂家譜曲。中國的戲曲則沒有音樂家譜曲這一環節。它是靠一定的曲牌（如「後庭花」、「寄生草」、「賀新郎」等）將作家與演員聯繫起來，劇作家按一定的曲牌規則寫作曲詞，演員則按一定的曲牌規則來演唱。「填詞之設，專為登場」是說戲曲是一種舞臺藝術，劇本創作的中心任務是為了能夠在舞臺上演出，而不是一般的文學作品僅供案頭閱讀。他認為金聖歎對《西廂記》評論的一個致命弱點，是「把優人搬弄之《西廂》」，變成了「文人把玩之《西廂》」。所以，劇作家在寫作一劇之本時，不僅要掌握「文字之三昧」，而且還必須根據舞臺藝術的特殊規律，認真研究演員的表演、劇場的效果，和觀眾的欣賞習慣、審美要求以及接受程度，從而掌握「優人搬弄之三昧」，這樣才能填好曲詞，做到「可演可傳」，才能收到理想的預期效果。

為此，李漁在《閒情偶寄・詞曲部》中提出了一系列具體要求：

一、作家在創作劇本時，其曲詞和賓白，都要考慮演員的表演「好說不好說，中聽不中聽」。這是因為往往「一句聱牙，俾聽者耳中生棘，數言清亮，使觀者倦處生神」（《詞曲部‧聲務鏗鏘》）。故而他要求劇作家在填詞過程中，要「手則握筆，口卻登場，全以身代梨園，復以神魂回繞，考其關目²，試其聲音，好則直書，否則擱筆」（《詞曲部‧詞別繁減》）。

這就是說，劇作家在創作時應該一邊寫，一邊唱，把自己當做一個演員，然後通過藝術想像，設身處地地考慮劇中故事情節，試試戲詞的音律，好，就一直寫下去，不好就暫時擱筆。這種對舞臺表演的美的追求，關注的焦點在於演員能不能唱，好不好說。為了演員演唱的更好發揮，在《詞曲部》裏，李漁還專門寫了一節「慎用上聲」。他說：「上聲宜用於幽靜之詞，不利於發揚之曲。即幽靜之詞，亦宜偶用、間用，切忌一句之中連用二三四字。……蓋曲到上聲字不求低而自低。若重複數字皆低，則不特無音，且無曲矣。」這確實是經驗之談。李漁自己多年來的戲劇實踐證明：「上聲之出口最高，入耳極清，因其高而且清，清而且亮，自然得意急書（寫起來順暢）」；「孰之唱曲之道，與此相反。念來高者，唱出反低，此文妙曲利於案頭，而不利於場上之通病也。」

二、作家在創作劇本時就一定要考慮劇場效果。首先，劇本一開始就要抓住觀眾，「務使開門見山，不當借帽覆頂」（《詞曲部‧家門》）。最好是一開始就「以奇句奪目」，使觀眾「一見而驚，不敢棄去」（《詞曲部‧大收煞》）。其次，戲曲情節的發展，要盡可能地曲

2　關目：戲劇術語，義近於情節，有時專指情節結構的關鍵之處。

折，使觀眾「想不到，猜不著」（《詞曲部·小收煞》），這樣才能調動欣賞者的興趣。平鋪直敘，讓人一開頭就猜到結果，「則觀者索然」（《詞曲部·小收煞》），人們便失去了樂趣。此外，觀眾在漫長的看戲過程中，可能產生疲倦或困頓，此時，作家就要適當地插入一點笑料，即運用插科打諢的作用提起觀眾的精神，這樣才能保持觀眾欣賞活動的連續性。另外，在上半部結束時，關目要做到「宜緊、忌寬；宜熱、忌冷」，「令人揣摩下文，不知此事如何結果」（《詞曲部·大收煞》）。也就是說戲劇情節發展應當留下「懸念」，方能讓觀眾產生「欲知後事如何」的好奇心。當然在全域結束時，作家更應避免簡單、生硬地把主要人物拉到一起，搞一個大團圓的結局。如果是那樣，「不過歡笑一場」、「有何趣味？」好的結局應該是在「山窮水盡之處，偏宜突起波瀾」；「或先驚而後喜，或始疑而終信，或喜極信極而反致驚疑，務始一折之中，七情俱備」。如此，方能使觀眾「看過數日，而猶覺聲音在耳，情形在目」（《詞曲部·大收煞》），從而產生一種持久的美感和愉快的回憶。

這些具體要求，並非深奧的理論，前人也有所談及，但都沒有李漁的研究這樣系統和深入。

三、為了適應舞臺藝術的特點，作家在創作時，更要倍加重視觀眾。既要考慮到觀眾的心理，又要考慮觀眾的審美要求和接受程度。這是戲劇大眾化的一個重要課題。雖然在李漁之前，王驥德、李開先、徐渭等，也提出過戲曲要「明白」、「家常」、「諧裏耳」等通俗化的主張，但只有到了李漁這裏，戲曲通俗化、大眾化的思想，才徹底地、大大地向前推進了一步。比如在《詞曲部·忌填塞》裏他說：

「傳奇不比文章，文章做與讀書人看，故不怪其深；戲文做與讀書人與不讀書人同看，又與不讀書人之婦人、小兒同看，故貴淺不貴深。」這顯然與王驥德的「淺深濃淡雅俗之間」的主張是不同的。他所說的「貴淺不貴深」，不是說越淺越好，而是說這樣的「淺」之所以可貴，關鍵在於能「以其深而出之以淺」（《詞曲部‧忌填塞》），而且他還說：「能於淺處見才，方是文章高手。」可見他的「貴淺不貴深」之說，也不同於徐渭「越俗越家常越警醒」的主張。他是要劇作家深入淺出，把戲劇的藝術性和通俗性統一起來，產生雅俗共賞的客觀效果。

此外，在戲劇的結構上，他要求作家要「減頭緒」，最好是一個劇確定「一人一事」作為「主腦」，且要「一線到底」，「終無二事貫穿只一人」，以便讓「三尺童子觀演此劇，皆能了了於心，便便於口」（《詞曲部‧減頭緒》）。這也是他強調戲劇創作要適應觀眾的欣賞習慣和接受程度的一種考慮。

考慮觀眾對於劇情的理解，除了「貴淺不貴深」之外，他還特別提到「少用方言」。在《詞曲部‧少用方言》中他說：「凡作傳奇（即戲劇），不宜頻用方言，令人不解。近日填詞家見花面登場，悉作姑蘇口吻，遂以此為戒律，每作淨、丑之白，即用方言。不知此等聲音，止能通吳、越。過此以往，則聽者茫然。傳奇，天下之書，豈僅為吳、越而設？」

總之，李漁上述一系列論說和具體要求，是對戲劇作為舞臺藝術的本質特徵的一種全面的闡釋和概括。他提出的「填詞之設，專為登

場」之說，雖然是在前人研究基礎上的一種繼承和發揮，但由於他自己有許多戲劇創作的實踐，又有組織領導劇團演出的經驗，因此有很多獨到之處，較之前人更深入更系統，更符合戲劇藝術的特殊規律，確實可稱是明清美學中最系統最具舞臺藝術特點的戲劇創作論。朱東潤先生說：「李漁以戲曲家而論戲曲，其間甘苦，此則吾國文學批評僅有之人才也。」（《中國文學批評史大綱》，上海古籍出版社，2001年7月版）胡夢華先生則更是將李漁與《文心雕龍》的作者劉勰相比，說：「李漁的批評系統和卓識，真可謂劉勰之後，僅見之才。」（胡夢華《文學批評家李笠翁》，1927年6月，《小說月報》第十七期）

景以情合，情以景生
——明清美學中最突出、最具總結形態的情景論

王夫之[1]是清初傑出的思想家。他的美學思想主要體現在他的詩論著作《薑齋詩話》、《古詩評選》、《唐詩評選》和《明詩評選》中。由於他的美學思想和同時代的葉燮有很多相似之處，他們共同把中國古典美學理論推向了一個新的高峰，所以人稱王夫之和葉燮是中國美學史上的雙子星座。

王夫之不僅有很深的詩學修養，而且其詩歌理論也非常精闢、系統，幾乎涉及詩歌創作的各個方面。其中，他提出的以「景以情合，情以景生」為中心的情景論，是他詩歌理論中最突出、最有價值的部分。

在《薑齋詩話》卷二里，他說：「近體中二聯，一情一景，一法也。『雲霞出海曙，梅柳渡江春。淑氣催黃鳥，晴光轉綠蘋

1　王夫之（1619-1692）：明末清初傑出的思想家。字而農，號薑齋，湖南衡陽人。晚年居衡陽石船山，人稱船山先生。他舉崇禎鄉試。明亡，曾組織武裝抗清，戰敗後專事著述達四十年。他學術成就很大，對天文、曆法、數學、地理都有研究，尤精於經學、史學和文學。一生著述甚豐，其中以《讀通鑒論》、《宋論》等為代表作。

』[2]……皆景也。何者為情？若四句俱情，而無景語者，尤不可勝數。其得謂之非法乎？夫景以情合，情以景生，初不相離，唯意所適。截分兩橛，則情不足興，而景非其景。且如『九月寒砧催木葉』，二句之中[3]，情景作對；『片石孤雲窺色相』四句[4]，情景雙收，更何從分析？陋人標陋格，乃謂『吳楚東南坼』四句，上景下情，為律詩憲典，不顧杜陵九原大笑。愚不可瘳，亦孰與療之？」

在《唐詩評選》中他又說：「景中生情，情中含景，故曰，景者情之景，情者景之情。高達夫則不然，如山家村筵席，一葷一素。」

在王夫之看來，「情」與「景」是不可分離的。無論「景以情合，情以景生」，還是「景中生情，情中含景」都是說「情」與「景」的結合是內在的統一，是水乳的交融，而不是外在的拼合，或簡單機械的相加。如果把「情」與「景」斷然地分成兩截，那「情」就不能因「景」而觸發、感興，而「景」也不是那個含情之景了。一些人把杜甫《登岳陽樓》中的「吳楚東南坼，乾坤日夜浮；親朋無一字，老病有孤舟」分為上二句是景，下二句是情，並認為是律詩的典範，真是不怕杜甫在九泉之下大笑，愚蠢到了不可救藥的地步了。

這裏，王夫之「景以情合，情以景生」之說，很明顯地涉及詩歌的本體特徵問題。詩的本體是「意象」，就像黑格爾說的：「在藝術裏，感性的東西經過心靈化了；而心靈化的東西，也借感性而顯現出來了」（朱光潛譯黑格爾著《美學》第一卷，商務印書館，1982年，

2　杜審言《和晉陵陸丞早春望遊》。

3　九月二句：指沈佺期《古意》：「九月寒砧催木葉，十年征戰憶遼陽。」

4　片石四句：指李頎《題璿公山池》：「片石孤雲窺色相，清池皓月照禪心。指揮如意天花落，坐臥閒房春草深。」

頁49）。「意象」就是客觀物象經過創作主體獨特的情感活動而創造出來的一種藝術形象。或者說，意象是客觀的（生活、景物）與主觀的（思想、情感）相鎔鑄的產物。王夫之的「景以情合，情以景生」、「景中生情，情中含景」，便是詩的本體——情景內在統一的審美意象。由於「情」與「景」是詩之所以為詩的兩個不可分離的重要因素，故而「情」與「景」的內在統一，在王夫之看來，就是詩歌意象的基本結構。在《薑齋詩話》卷二中，有一段話對此講得更為清楚：

「情景名為二，而實不可離。神於詩者，妙合無垠。巧者則有情中景、景中情。景中情者，如『長安一片月』，自然是孤棲憶遠之情；『影靜千官裏』，自然是喜達行在之情。情中景尤難寫，如『詩成珠玉在揮毫』，寫出才人翰墨淋漓、自心欣賞之景。凡此類，知者遇之；非然鶻突看過，作等閒語耳。」

王夫之認為，「情」和「景」，名義上是兩個事物，實際上在詩歌意象創造的過程中是不可分離的。作詩出神入化的詩人，「情」和「景」的結合必然是內在的統一，情景的交融（即「妙合無垠」）。而巧於作詩的人，則可以是情中含景，或景中含情。當然「景中情」比較容易把握，而「情中景」，如杜甫的「詩成珠玉在揮毫」，寫的是詩人才子縱情揮毫，馳騁筆墨，自我欣賞的欣喜之景，就難寫了。

這裏，王夫之顯然擴大了「景」的概念，把自然景物之景，延伸到了「才人」的「自心欣賞之景」。這很有新意。值得注意的是，除了指出詩歌意象的兩種類型——「景中情」和「情中景」，在《古詩

評選》中他還有過「景中人」[5]和「人中景」[6]的說法。不過王夫之指出，指出這些詩歌意象的特殊類型，並不是說詩歌意象的類型僅限於此，而是為了說明「情」、「景」結合的形態是多種多樣的。只要這種結合是內在的統一，是情景交融，就可以構成詩歌的審美意象。

從上面簡要的評述我們不難發現，王夫之以「景以情合，情以景生」為中心的一系列論說，綜合、概括了范晞文的「景無情不發，情無景不生」（《對床夜話》）之論，方回的「景在情中，情在景中」（《瀛奎律髓》）之說，以及謝榛的「景乃詩之媒，情乃詩之胚，合而為詩」（《四溟詩話》）的論斷，甚至還涵蓋了王廷相和陸時雍的「意象論」，並有所發揮。這便是我們說王夫之以「景以情合，情以景生」為中心的情景論，是明清美學中最突出、最具總結形態的詩學理論的緣故。

比如，王廷相說：「詩貴意象透瑩，不喜事實黏著。古謂水中之月，鏡中之影，難以實求也……故示以意象，使人思而咀之，感而契之，邈哉深矣，此詩之大致也。」[7]固然指明了詩的本體就是意象，但對詩歌意象的基本結構卻沒有作出分析。而王夫之首先把「詩言志」的「志」和「詩」區別開來，認為「志」和「詩」的不同，「其樞機在」、「或可以興，或不可以興」[8]，就是說「志」與「詩」的分別，關鍵在能不能「觸物感興」，「託物興辭」。其次，他明確指

5　景中人：文徵明詩《四月》：「春雨綠陰肥，雨晴春也歸。花殘鶯獨囀，草長燕交飛。香篋青繒扇，筠窗白葛衣。拋書尋午枕，新暖夢依微。」王夫之認為這首詩的結語，就是「景中人」。
6　人中景：劉令嫻詩《美人》：「花庭麗景斜，闌　輕風度。落日更新妝，開簾對芳樹。」王夫之認為這首詩是「景中有人，人中有景」。
7　《明詩話全編》，王廷相：《與郭價夫學士論詩書》（南京市：江蘇古籍出版社，1997年）。參見本書第八十七篇。
8　或可二句：出自王夫之《唐詩評選》卷一孟浩然《鸚鵡洲送王九之江左》評語：「『詩言志，歌永言。』非志即為詩，言即為歌也。或可以興，或不可以興，其樞機在此。」

出：「史」是「從實著筆」的，而「詩則即事生情，即語繪狀⁹。」就是說，「史」是「事實黏著」，可「以實求是的」，而詩之所以為詩，其本體特徵是要創造審美意象（「即事生情，即語繪狀」）。但什麼是意象？王夫之認為，詩的意象就是「情」和「景」的內在統一或者情景交融。在王夫之那裏，「情」與「景」的基本特徵，即指「景者情之景，情者景之情¹⁰」，「而且情不虛情，情皆可景；景非虛景，景總含情¹¹」，所以「情」與「景」是「互藏其宅」，不可分離的。「景」若是脫離了「情」，「景」就成了「虛景」；「情」如果離開了「景」，「情」就成了「虛情」。只有「情」與「景」的統一，才能產生詩歌的審美意象。

又如陸時雍在《詩鏡總論》中提出的「隨物感興」、「即景自成」之說¹²，雖然也談到了詩歌意象產生的條件或途徑，但他講得很簡略，並未能展開。而王夫之則明確地指出「情」、「景」的內在統一，詩歌意象的構成，有賴於直接的審美感興才能實現，而不是其它。例如前邊已經談到的「志」與「詩」的區別，其樞機在「或可以興，或不可以興」，這已經充分說明詩之所以為「詩」，其標誌性的特徵，就是所謂的「可以興」。「興」是什麼？「興」，起也。「觸物起興」或者是「隨物感興」。而他在《古詩評選》中所說的「語有全不及情，而情自無限者，心目為政，不恃外物故也」，則把詩「興」向前推進

---

9 此處出自《古詩評選》卷四《古詩》的評語：「詩有敘事敘語者，較史尤不易。史才固以☒括生色，而從實著筆自易，詩則即事生情，即語繪狀。一用史法，則相感不在永言和聲之中，詩道廢矣。」

10 見《唐詩評選》卷四岑參《首春渭西郊行呈藍田張二主簿》評語。

11 而且二句：出自《古詩評選》卷五謝靈運《登上戊鼓山詩》評語。

12 感物二句：出自《詩鏡總論》：「詩不待意，即景自成。意不待尋，興情即是。……劉禹錫一往深情，寄言無限，隨物感興，往往調笑而成。」（陸時雍：《詩鏡詩鏡總論》，保定市：河北大學出版社，2010年）參見本書第八十七篇。

了一步。有的詩一句情語都沒有，但卻能生無限之情，什麼緣故呢？就是因為它是從直接審美感興產生的。所謂「心目為政」與其在另一處講的「寫景至處，但令心與目不相暌離，則無窮之情，從此而生」，指的就是直接的審美感興。而「不恃外物」，是說「情」、「景」的內在統一，依靠的是直接的審美感興，而不是其它的外在事物。如果沒有直接的審美感興，就沒有「情」和「景」的契合，也就不能構成詩歌的審美意象。較之陸時雍「隨物感興」、「即景自成」之說，這些說法更清晰、更深入。

對比其它如范晞文、方回、謝榛諸家之說，以及姜夔的「意中有景，景中有意」[13]等說法，王夫之的貢獻在於除了繼承和綜合，還有很多自己的獨特創見和發揮。比如：

一、揭示了「情」和「景」的基本特徵，是「景者情之景，情者景之情」，而且「情不虛情，情皆可景；景非虛景，景總含情」。詩歌意象的基本結構是「情」與「景」的內在統一，而不是外在的拼合或是機械的相加。

二、擴大了「景」的概念，認為「景」不但是指自然景物之景，而且也包括了社會現實生活之景。他在《古詩評選》中對曹植《當來日大難》一詩的評語：「『遊馬後來，轅車解輪』，事之景也；『今日同堂，出門異鄉』，情之景也」，就明顯地指出，物景之外還有事景和情景之分。

三、在對「情」、「景」契合的類型，作了「妙合無垠」、「情中

---

13 意中二句：出自姜夔《白石道人詩說》。

景」和「景中情」的三種劃分之後，他又說：「以寫景的心理言情，則身心中獨喻之微，輕安拈出。」是他為詩人指出的一條通往情景交融的重要途徑。因為不論是以寫景的心理言情，還是以言情的心理寫景，目的都是要求詩人在創作構思中有一個主動的心態，這樣，身心中的獨特感受才能「輕安拈出」，「情」和「景」也才能「互藏其宅」，實現內在的統一。

此外，他還提到過「情景一合，自得妙語」，涉及語言詞句的產生，以及「以樂景寫哀，以哀景寫樂，一倍增其哀樂」等的寫作手法。這裏就不一一詳述了。王夫之的「景以情合，情以景生」為中心的一系列論述，起到了承上啟下的作用，對後來王國維的「境界說」有著直接的啟示，這也是我們不能不留心的。

即景會心，因景因情
——明清美學中獨樹一幟的關於詩歌創作的現量說

上篇談到，王夫之在其「情景論」中分析論證了詩歌意象的基本結構，就是「情」與「景」的內在統一（或曰情景交融）。並且他還指出，「情」與「景」的這種內在統一，是在直接審美感興中實現的。而直接的審美感興，又與所謂「現量」的內涵密切相連，因此，王夫之以審美意象為中心的詩學理論，便很自然地從「情景論」延伸到「現量說」，也就是從「景以情合，情以景生」過渡到「即景會心，因景因情」。這是一個問題的兩個方面，也可以說「情景論」和「現量說」是姊妹篇，二者是血脈相連的。《薑齋詩話》卷二中說：

「『僧敲月下門』，只是妄想揣摩，如說他人夢，縱令形容酷似，何嘗毫髮關心？知然者，以其沉吟『推』『敲』二字，就他作想也，若即景會心，則或推或敲，必居其一，因景因情，自然靈妙，何勞擬議哉？『長河落日圓』、初無定景；『隔水問樵夫』，初非想得。則禪家所謂『現量』也。」

這段話，一是由於他強調「情」與「景」的內在統一，反對脫離

眼前實景的創作思路，所以認為那些對賈島的詩句「僧敲月下門」，到底用「推」字，還是用「敲」字的擬議（即「沉吟」），只是一種憑空妄想，無端揣摩，就像述說他人的夢境，即使形容得特別相似，與那人的夢境也沒有一點點關係；二是由於他把「身之所歷，目之所見」看做「是鐵門限」，誰也不能逾越，故而正面提出「即景會心，因景因情」之說，並明確地指出：由此而產生的自然生動靈活美妙的詩句，如王維的「長河落日圓」、「隔水問樵夫」那樣，起初在作者心裏既沒有一定之景，又沒有預先想好的句子，只是作者身臨其境「即景會心」之作而已，那麼，這就是禪家所謂的「現量」的境界了。

由此可見，王夫之的「即景會心，因景因情」之說，是他對佛學術語「現量」這一概念的說明；而他所謂的「現量」，則是對詩歌審美心理（含「即景會心，因景因情」）的一種概括。既然如此，究竟什麼是「即景會心」？什麼又是「現量」呢？

童炳慶先生對於「即景會心」有一段話講得很精闢很中肯，我們不妨引用如下。他說：「『即景』，就是直觀景物，是指詩人對事物外在形態的觀照，是感性的把握；『會心』，就是心領神會，是指詩人對事物的內在底蘊的領悟，是理性的把握。『即景會心』就是在直觀景物的一瞬間，景（外在的）生情（內在的），情寓景，實現了形態與意味，形與神，感性與理性的完整的同時的統一。」（童炳慶著《中國古代心理詩學與美學》，中華書局，1992年版）這就是說，「即景會心」（含「因景因情」），除了要詩人對眼前客觀景物進行直接審美觀照，還包含了要詩人在審美直觀的同時，無需邏輯推理

一 那間地對客觀事物內在意蘊的把握。這樣,「因景因情」地觸物感興,就進到了審美直覺的境界。

所謂「現量」,原本是古代印度因明學中的一個術語,佛教法相宗以之來說明「心」與「境」的關係。王夫之則是用「現量」來說明詩歌意象的基本性質和特點。他解釋說:「『現量』,『現』者有『現在』義,有『現成』義,有『顯現真實』義。『現在』,不緣過去作影;『現成』,一觸即覺,不假思量計較;『顯現真實』,乃彼之體性本自如此,顯現無疑,不參虛妄。」(《相宗絡索》)

這樣看來,王夫之所謂的「現量」便有了三層含義:其一,是「現在」義,就是說「現量」是當下的直接感知而獲得的知識(指詩歌意象),它不是過去的印象。所以「現在」義,便具有強調詩人在創作時不能脫離眼前實景,不能脫離對當下對象的審美直觀的意義。也就是王夫之強調的「身之所歷,目之所見,是鐵門限」。

其二,「現成」義,即「一觸即覺,不假思量計較」。是說詩歌的審美意象是一瞬間直覺或感興的產物,具有「即興」之義,不需要比較、推理等抽象思維的參與。如他所推崇的「長河落日圓」、「隔水問樵夫」,就是無需擬議,「不待忖度」的自然靈妙之作。故在《古詩評選》中他明確指出:「以追光躡影之筆,寫通天盡人之懷,是詩家正法眼藏。」(卷四阮籍《詠懷》評語)所謂「追光躡影之筆」自然是指善於描寫一觸即發的即興之景的筆法。而「詩家正法眼藏」,則是指詩家能普照一切的根本大法。他的類似說法很多,如「只於心目相取處得景得句,乃為朝氣,乃為神筆」(《唐詩評選》卷三);「一

用興會，標舉成詩，自然情景俱到」（《明詩評選》卷六）。可見，「現成」義或「即景會心」，強調的都是瞬間的突發性，和審美的直覺性。

其三，「顯現真實」義，是說審美觀照中所顯現的是客觀事物完整而真實的「體性」和「實相」。它不是脫離眼前事物「實相」的虛妄的東西。也就是他說的：「心目之所及，文情赴之，貌其本榮，如所存而顯之」（《古詩評選》卷五謝莊《北宅秘園》評語），以及「取景則於擊目經心絲分縷合之際，貌固有而言之不欺」（《古詩評選》卷五謝靈運《登上戎鼓山詩》評語）等，都是說詩人要將審美對象作為一個真實而完整的審美存在加以把握。

「顯現真實」還有另外一層含義，這就是《詩譯》中所說的「既得物態」「又得物理」。「物態」自然是指事物的外在形態；「物理」則既不是儒家所謂的「經生之理」，也不是邏輯概念裏的「名言之理」，而是在直接審美感興中所把握的理。例如王夫之所講的：「（百丈）『牽江色』，一『色』字幻妙。然於理則幻，寓目則誠。苟無其誠，然幻不足立也。」（《唐詩評選》卷三杜甫《祠南夕望》評語）說的就是此意。因為，「於理則幻」，是說杜甫詩中顯現的意象是真實的，並顯示了一種幻妙的理，這種理，是以真實的直接的感受（「寓目則誠」）為基礎的，所以一「色」字的「幻妙」，便是直接審美感興所把握的理。反之，如果它沒有真實性（「苟無其誠」），「幻妙」也就不能成立。

綜上所述，我們不難發現，「現量」並不等同於一般的直觀，而

是審美的直覺；「現量」也不同於一般的感覺、感知，「現量」就是「即景會心」，就是「心目相取處得景得句」，就是「因景因情，自然靈妙」。但是有一點特別值得指出，那就是王夫之的「現量」或「即景會心，因景因情」之說中所蘊含的審美直覺，是人們在長期的藝術實踐中形成的主體對客體的一種獨特的審美觀照。這種直覺性的觀照，是以當下的直接感知為基礎，以理性認知能力為內核，以情感和想像為手段，以感性的表現為形式的審美心理，所以具有理性和非理性的雙重意蘊，也就是說這樣的直覺離不開豐富的積纍，這一點非常重要。不然，王夫之何以在《薑齋詩話》中高度稱讚：「燕、許、高、岑、李、杜、儲、王所傳詩，皆仕宦後所作，閱物多，得景大，取精宏，寄意遠，自非局促名場者所及。」

因為只有「閱物多（即豐富的積纍）」才能「得景大」，而只有「閱物多，得景大」，才能在詩歌創作中廣闊而深刻地表現社會生活的本質，並寄寓深遠的社會意義（即「取精宏，寄意遠」）。而且所謂的「閱物多」，在王夫之那裏，並不單指讀書多，而主要是指詩人有豐富的生活閱歷，深厚的藝術修養，以及由此而形成的審美心胸和審美眼光。一個詩人，若「胸中無丘壑，眼底無性情，雖讀盡天下書，不能道一句（仍然作不成一句詩），又有何用」。可見，「閱物多」對於詩歌創作中的審美直覺，的確是一個不可缺少的必要條件。

總之，王夫之「即景會心，因景因情」的「現量說」，既指明了審美觀照的直覺性，同時又強調審美直觀的整體真實性，摒棄了佛學術語中的唯心主義和神秘因素，把審美感興，審美直覺和唯物主義的反映論統一起來，形成了一個嚴密的獨樹一幟的詩學理論。這是王夫

之詩歌美學思想中最深刻的內容，也是他對中國美學史的一個重大貢獻。當然，我們也應該看到，他的「現量說」（「即景會心，因景因情」）是對陸機的「應感之會」說[1]，鍾嶸的「直尋說[2]」和嚴羽的「妙悟說[3]」的吸收、改造和超越，只是在內涵上更為豐富、更加深刻，具有一定的總結性的意義。這正是作為哲學家兼詩人的王夫之，高於一般詩評家的卓越之處。

1　應感之會：是陸機在其《文賦》中提出的一個關於靈感問題的看法。是說外物相感與內心相應是有時機的。如果靈感來了，思緒怎麼紛亂也能理出條理。一旦沒有了靈感，就好像神志全都飛走了，癡癡地就如一株枯樹。但陸機說他沒有弄清楚靈感來去的緣由。
2　直尋說：鍾嶸針對其時詩壇盛行「用典用事」、「繁密巧似」的時弊，而在《詩品序》中提出的詩學主張，認為「觀古今勝語，多非補假，皆由直尋」。意謂考察古今詩歌之佳句，大都不用前人語句和典故拼湊，均是詩人所見所感的直接的描寫。
3　妙悟說：參見第八十三篇。

驚而快之，樂而玩之
——明清美學中非常具體、生動的關於壯美和優美的美感心理論

　　關於壯美和優美的區分及其關係，最早在《易傳》的《說卦》和《乾》、《坤》二卦中，就已經反覆談到過。儘管《易傳》對陽剛之美（壯美）與陰柔之美（優美）區分得很明確，但都說得較為概括、簡約，沒有具體的闡述，也沒有涉及二者的美感心理。魏晉時期曹丕在《典論·論文》中提出「文以氣為主」的主張，將文章的「體」（即風格）分為「清」、「濁」二體；劉勰在《文心雕龍·體性》篇中把文章的藝術風格分為八體，其中有「壯麗」與「輕靡」，晚唐司空圖《二十四詩品》中列舉舉有「雄渾」、「豪放」與「沖淡」、「綺麗」等詩品。這些說法雖然都屬於「壯美」與「優美」的範疇，但都比較概括、簡約，也沒有涉及壯美與優美給予人的審美感受。只是到了清

代，魏禧[1]和姚鼐[2]才先後在其《文瀫敘》與《復魯絜非書》中才對此給予了充分的論說和具體而生動的分析。我們說魏禧的「驚而快之，樂而玩之」與姚鼐的「如霆，如電」如「馮高視遠」等一系列的比喻，是中國明清美學中最典型最生動的關於壯美與優美的美感心理論。

例如，魏禧在其《文瀫敘》中說：「陰陽互乘有交錯之義。……故曰：風水相遭而成文。然其勢有強弱，故其遭有輕重，而文有大小。洪波巨浪，山立而洶湧者，遭之重者也。淪漣漪瀫[3]，皺蹙而密理者[4]，遭之輕者也。重者，人驚而快之，發豪士之氣，有鞭笞四海之心。輕者，人樂而玩之，有遺世自得之慕[5]。要為陰陽自然之動，天地之至文，不可偏廢也。」

在魏禧看來，陰陽交錯，風水相遭，故而產生了文。「文」是什麼？《說文》云：「文，錯畫也，象交文。」《釋名・釋言》曰：「文者，會集眾彩以成錦繡。」所以「風水相遭而成文」，也就是風水相交而生美。由於風水相遭有輕有重，因此產生的文（也就是美）就有大有小。大者，如「洪波巨浪，山立而洶湧者」，便是一種壯美（陽

---

1 魏禧（1624-1681）：清初散文家。字叔子，號裕齋，江西寧都人。明末諸生。明亡後絕意仕進，隱居翠微峰。後出遊江南，入浙中，以文會友，傳播其「明道理，識時務，重廉恥，畏名義」的學說，結納豪賢，以圖恢復。擅長散文，其文有淩厲、雄傑、剛勁慷慨之氣。清初，人稱魏禧、侯方域、汪琬為散文三大家。史論如《雋不疑論》、《蔡京論》等，善評古人是非評失成敗。著有《魏叔子文集》等。

2 姚鼐（1732-1815）：清代散文家。字姬傳，室名惜抱軒，舊時或稱惜抱先生。安徽桐城人。乾隆進士，官刑部郎中，記名御史。歷主江寧、揚州等地書院凡四十年。治學以經為主，兼及子、史、詩文。為桐城派主要作家。主張文章須以「考據」、「詞意」為手段，闡揚儒家的「義理」。著作有《惜抱軒全集》，還有《古文辭類纂》、《五七言今體詩鈔》。

3 淪漣漪瀫：指風吹水面形成的波紋、細浪，及其微小的水聲。

4 皺蹙句：皺：皮膚乾裂。蹙：緊縮。理：紋理。全句意謂像皮膚乾裂、緊縮成紋理細密的微波細浪。

5 有遺世句：遺世：忘記了外部世界。慕：思念、想念。全句意思是說（図那間）忘記了身外的一切，只有自己獲得愉悅的一種思念。

剛之美）的審美對象，而小者，如「淪漣漪瀩，皺蹙而密理者」，則是一種優美（陰柔之美）的審美對象。這兩種不同類型的美，給人的審美感受截然不同。前者，「洪波巨浪」令人望而生畏，同時卻又有極大的愉快感覺，並引發了豪士之氣，產生了駕馭天下的念頭；後者，「淪漣漪瀩」，讓人非常快樂，乃至欣賞得忘記了外部世界，只知有自得的思念。為什麼二者給人的美感差別如此之大？主要是由於審美客體與審美主體之間的關係。

壯美的審美客體與審美主體之間，存在著一種矛盾的、對立的關係。一方面因壯美的客體（「洪波巨浪」）體積雄偉，力量巨大，來勢洶湧，令人產生恐懼和驚訝的心理；但另一方面審美主體通過理解、想像（含一定的距離因素）又喚起了人精神上的道德感和自尊感，認識到自己的力量可以勝過或壓倒強大的客體，於是一種愉悅之情油然而生。這與後來康德所謂的崇高是由痛感轉化而為快感的說法是非常一致的。而且從魏禧的論述中，人們還可發現壯美（陽剛之美）的特點是：粗獷、巨大、激蕩、洶湧，是一種剛勁的動態美。

而所謂的陰柔之美（優美）的審美對象，與審美主體處於相對統一、和諧的狀態，沒有激烈的衝突和對抗，而且優美的對象（「淪漣漪瀩」）微波細浪，體態輕盈，隨風起伏，優哉遊哉，故而讓人觀賞起來非常快樂，甚至「有遺世自得之慕」，給人「樂而玩之」的審美感受。可看出其特點是：細微、輕柔、小巧、秀麗，是一種柔性的偏向於靜態的美。

魏禧上述關於壯美與優美兩種不同類型之美所引起的不同的美感

心理分析，在中國古代是前所未有的，具有開創性的意義，其影響也非常之大。

後來，姚鼐在其《復魯絜非書》中論及的「陽剛之美」與「陰柔之美」，同樣也很生動，很典型。由於他的這一論說得到人們廣泛的認可，因而使得中國古典美學中關於壯美與優美的理論更加充實，更加趨於完善。

姚鼐說：「鼐聞天地之道，陰陽剛柔而已。文者，天地之精英，而陰陽剛柔之發也。……其得於陽與剛之美者，則其文如霆，如電，如長風出谷，如崇山峻崖，如決大川，如奔騏驥；其光也，如杲日，如火，如金鏐鐵；其於人也，如馮高視遠[6]，如君而朝萬眾[7]，如鼓萬勇士而戰之。其得於陰與柔之美者，則其文如升初日，如清風，如雲，如霞，如煙，如幽林曲澗，如淪，如漾，如珠玉之輝，如鴻鵠之鳴而入寥廓；其於人也，漻乎其如歎[8]，邈乎其如有思，暖乎其如喜，愀乎其如悲。觀其文，諷其音，則為文者之性情形狀，舉以殊焉[9]。」

姚鼐在這裏非常生動而充分地論述了壯美與優美的特點，及其引起的人的美感心理。雖然他是從文章風格的角度來表述他的審美理念的，但所謂的「如霆，如電，如長出谷，如崇山峻崖」等形象的比喻，不也正說明壯美（陽剛之美）的事物具有粗獷、巨大、激蕩、雄偉等特點嗎？而這種陽剛之美的審美對象所引起的人的審美感受，

6　如馮高視遠：馮音平，即憑。句意謂像登得高看得遠那樣視野開闊。
7　如君而朝萬眾：說如君王那樣讓萬眾朝拜。
8　漻乎：水清澈的樣子。
9　舉以殊焉：舉：全。殊：不同。句意謂全都不一樣。

「如馮高視遠，如君而朝萬眾」也正是魏禧所說的「發豪士之氣，有鞭笞四海之心」。至於他所說的「如鼓萬勇士而戰之」（如鼓動成千上萬的戰士，不怕犧牲前赴後繼奮勇殺敵），已經涉及社會領域裏的崇高，而非自然事物裏的壯美或陽剛之美的內涵了。

談到「陰柔之美」時，他一連用了「如升初日，如清風，如雲，如霞」等十個形象的比喻，說明了優美具有明朗、輕柔、小巧、光潔、秀麗等靜態的美的特點。它給人的審美感受，卻是清澈得像歎息，深遠得像思緒，溫和得像欣喜，嚴肅得像悲戚。這就充實豐富了魏禧所說的「樂而玩之，有遺世自得之慕」的內涵，很有對照互補之功。

在同一篇文章中，姚鼐還說：「且夫陰陽剛柔，其本二端，造物者糅，而氣有多寡進絀[10]，則品次億萬，以至於不可窮，萬物生焉。故曰：『一陰一陽之為道。』夫文之多變，亦若是已。」可以看出，姚鼐以「陰陽剛柔」來論文談詩，把文章藝術風格分為「陽剛之美」與「陰柔之美」兩大美學範疇，其哲學基礎是《易傳‧繫辭》的「一陰一陽之為道」。只不過《易傳》講的是哲學之「道」，姚鼐講的是美學之道罷了。至於他說的「糅而偏勝可也，偏勝之極，一有一絕無，與夫剛不足為剛，柔不足為柔者，皆不可以言文」，是說文章風格的陰陽剛柔，可以「偏勝」而不可「偏廢」，這與魏禧的「要為陰陽自然之動，天地之至文，不可偏廢也」，是完全一致的。

姚鼐運用《易傳》的陰陽剛柔矛盾統一的學說，把複雜多樣的文

---

10 進絀：絀：曲縮，通黜，廢除、貶退。進絀即進退消長。

學藝術風格明確地區分為「陽剛之美」與「陰柔之美」兩大類型，進而又運用一連串生動的比喻，來分別說明壯美與優美的審美特徵及其美感心理，不僅是中國古代審美觀念上的一個重大飛躍，而且在文學藝術風格理論的演繹進程中，也具有一定的總結性的意義。

　　整體觀之，魏禧的論說在前，姚鼐的論說在後，一個是談自然領域裏的壯美與優美，一個是在論文學風格中的「陰柔」與「陽剛」，但他們的論述均屬崇高與優美的範疇，其同一性與互補性是非常明顯的。因此，這裏將他們一併介紹。至於如何去鑒賞他們的美的論說，我們認為，如此「天下之至文」，最好還是「偏勝可也」，而「不可偏廢也」。

「理、事、情」合「才、膽、識、力」
——明清美學中最概括的、帶根本性的詩歌藝術本源說和創作論

　　葉燮[1]是清代傑出的唯物主義哲學家、詩論家。在他之前，關於詩歌藝術的本源問題，早已有了很多的說法。如《詩大序》的「在心為志，發言為詩」，是一種詩本於心之說；鍾嶸《詩品序》中的「氣之動物，物之感人，故搖盪性情，形諸舞詠」，是一種詩源於物的觀點；而劉勰《文心雕龍·明詩》篇中的「人稟七情，應物斯感，感物吟志，莫非自然」，則是將以上二者合而為一的「感物言志」說。而在葉燮的詩歌理論體系中，談到藝術的本源問題時，卻連詩歌的創作問題一起帶了出來，認為客觀世界的「理、事、情」與審美主體的「才、膽、識、力」的有機結合（即「理、事、情」合「才、膽、識、力」）才是詩歌藝術的根本法則和規律。這樣一來，他所謂的「以在我之四，衡在物之三，合而為作者之文章」之論，較之以上諸說，甚至嚴羽的「妙悟說」，「學詩者以識為主」說[2]，以及李贄在《二十

1　葉燮（1627-1703）：清代著名文學家、詩論家。字星期，號己畦。江蘇吳江人。康熙九年進士，官寶應縣知縣，因忤應天巡撫落職。晚年寓居吳縣橫山，人稱橫山先生。著作有《己畦文集》、《己畦詩集》、《原詩》等。

2　學詩以識為主：識：指對詩的特質的認識。是說作詩的人應以見識作為根本。語出嚴羽《滄浪詩話詩辯》開篇。

分識》中關於「識」與「才」,「才」與「膽」的關係之說[3],在理論的廣度和深度上都要豐富得多,深刻得多。所以,我們說葉燮的「理、事、情」合「才、膽、識、力」是中國明清美學中最概括的、帶根本性的詩歌藝術本源說和創作論。

在《原詩》內篇中他指出:「曰理、曰事、曰情,此三言者,足以窮盡萬有之變態。凡形形色色,音聲狀貌,舉不能越乎此;此舉在物者而為言,而無一物之或能去此者也。曰才、曰膽、曰識、曰力,此四言者,所以窮盡此心之神明。凡形形色色,音聲狀貌,無不待於此而發宣昭著;此舉在我者而為言,而無一不如此心以出之者也。以在我之四,衡在物之三,合而為作者之文章。大之經緯天地,細而一動一植,詠歎謳吟,俱不能離是而為言者矣」。

這裏,葉燮認為,理、事、情這三個方面,它完全可以概括天下千變萬化的事物。所有的音聲形貌,都無法超越「理、事、情」;對於客觀事物的表達來說,沒有任何一種能脫離「此三者」而單獨存在。他還強調指出,只有以創作主體的「才、膽、識、力」來權衡客觀世界的「理、事、情」,才能「合而為作者之文章」。那麼,究竟什麼是「理、事、情」呢?他打了個比方說:「譬之一草一木,其能發生者,理也;其既發生,事也;既發生之後,夭嬌滋植,情狀萬千,咸有自得之趣,則情也。」(《原詩》內篇)可見他所謂的「理」,就是規律、原因;「事」就是事實,客觀存在;「情」即事物呈現出來的各種情狀。按他的說法,此三者,既是「足以窮盡萬有之變

---

3 見李贄《焚書》卷四《二十分識》,李贄談到創作主體的「才」、「膽」與「識」的關係時,認為:「有二十分識,就能成就得十分才,……便能得十分膽,……蓋才,膽實由識而濟,故天下惟識為難。有其識,則雖四五分才與膽,皆可建立而成就事也。」

態」，世界上的「形形色色，音聲狀貌」又全都不能超越「此三者」的範疇，那麼「理、事、情」便是萬事萬物的本源，當然也就是詩歌藝術的本源了。這是葉燮作為哲學家對世界上一切事物發生發展的客觀規律所作出的一種綜合性概括。但是葉燮畢竟還是一個文學家和美學家，在探討詩歌藝術的本源問題時，他並沒有停留在「理、事、情」客觀存在的「物」的層面上，也沒有滿足於對「此三者」做出哲學意義上的闡述。在《原詩》內篇卷下他又進一步指出：

「要之作詩者，實寫理、事、情，可以言言[4]，可以解解，即為俗儒之作。惟不可名言之理，不可施見之事，不可徑達之情，則幽妙以為理，想像以為事，惝恍以為情，方為理至、事至、情至之語。」

這就是說，詩歌藝術的本源是「理、事、情」，詩歌創作正是通過「此三者」反映客觀世界的豐富性和真實性。但是詩人寫詩若一味地實寫「理、事、情」，用普通的語言把它講出來，用一般的理解給以解釋，而不運用形象思維、藝術想像，那麼寫出來的詩歌，只能是「俗儒」之作，是沒有生命力的。要寫出「不可名言之理，不可施見之事，不可徑達之情」，詩人在構思之時，就必須遵循藝術思維的原則，把握自己在特殊藝術環境中領悟到的，而一般人不可名言的精微深妙的「理」，表現經過詩人想像、加工之後的「事」，以及把含蓄不露比興寄託的「情」，給人以恍惚迷離空靈的美感展現出來，這才是「理、事、情」之最高境界的詩歌語言。

很明顯，這裏所說的「幽妙以為理，想像以為事，惝恍以為

4　言言：能夠用普通語言表達出來。

情」，已經從詩歌的藝術本源，進而到了詩歌藝術的創作。而他所強調的「以在我之四，衡在物之三，合而為作者之文章」，則更是將「理、事、情」與「才、膽、識、力」的有機結合提到了詩歌創作根本規律的高度。「理、事、情」三者，雖然「無一物之或能去此者也」，雖然「天地之大，古今之變，萬匯之賾，日星河嶽，賦物象形，兵刑禮樂，飲食男女」，都可以用這一組範疇來分析、概括，但它們畢竟只是審美觀照的客體，而文學創作的主體還在於人，還在於作者本身，亦即他所謂的「凡物之美者，盈天地間皆是也，然必待人之神明才慧而見」（《己畦文集》卷九）。所以他認為只有詩人主觀方面的「才、膽、識、力」與客觀事物的「理、事、情」相契合，才能「合而為作者之文章」，也才能充分表現天地間的自然之美。

那麼什麼是「才、膽、識、力」呢？一般地說，所謂的「才」指作者的創作才能，包括觀察、分析、想像、鑒賞，以及審美感興和審美表現的能力。所謂的「膽」，指詩人在創作中敢於破舊創新的氣魄和膽量。所謂的「識」，指作者的學識、見識和閱歷，包括認識問題、分析事物的能力和藝術修養。所謂的「力」，則是指詩人的「詩內功夫」，即創造性的筆力和熟練的寫作技巧。這四種要素，「交相為濟」，不可或缺，如他所說：「無『才』則心思不出，無『膽』則筆墨畏縮，無『識』則不能取捨，無『力』則不能自成一家。」雖然，「才」被列為首位，「才」還能知「人之所不能知」，能言「人之所不能言」，而且，「以是而為文辭，而至理存焉，萬事準焉，深情托焉，是謂之有才」，但是在葉燮的心目中，「才」並非決定性的因素，真正起決定作用的是「識」。他認為：「惟有識，則能知所從，

知所奮，知所決，而後才與膽力皆確然有以自信。舉世非之，舉世譽之，而不為其所搖。」（《原詩》內篇）反之，如果一個作者胸中無「識」，其餘三者便無所寄託，甚至「人惟中藏無識，則理、事、情錯陳於前，而渾然茫然，是非可否，妍媸黑白，悉眩惑而不能辨」，這怎麼能「登作者之壇呢？」

然而值得指出的是，當葉燮論及創作主體的內在要素之時，他又從以「識」為主的「才、膽、識、力」這一藝術創造力的範疇，引出了一個更為重要的要素，即詩以「胸襟」為基。這確實是他對審美主體性提出的又一精闢見解。在《原詩》內篇下卷中，他以蓋樓臺為喻說：

「我謂作詩者，亦必先有詩之基焉。詩之基，其人之胸襟是也。有胸襟，然後能載其性情、智慧、聰明、才辯以出，隨遇發生，隨生即盛。」

這是說，作詩就像蓋房子一樣，必須具有基礎。沒有基礎的房屋會倒塌，沒有以「胸襟」為基礎的詩歌，肯定沒有生命力。因此，作者必須「有是胸襟以為基，而後（才）可以為詩文」。他還舉了一個例子來說明「胸襟」的重要性和可行性。他說：「千古詩人首推杜甫。其詩隨所遇之人之境之事之物，無處不發其思君王、憂禍亂、悲時日、念友朋、弔古人、懷遠道，凡歡愉、幽愁、離合、今昔之感，一一觸類而起，因遇得題，因題達情，因情敷句，皆因甫有其胸襟以為基。如星宿之海，萬源從出，……生意各別，而無不具足。」

可見所謂的「胸襟」，不但包括了性情、智慧、聰明、才辯，還

包含了如杜甫那樣的憂國思君、憫時傷亂等深層次的人生感悟、審美理想和思想情感。故而詩人有了以之為基的「胸襟」，便能夠「因遇得題，因題達情，因情敷句」，讓「歡愉、幽愁、離合、今昔之感，一一觸類而起」，而成為詩歌。

　　總之，葉燮的「理、事、情」合「才、膽、識、力」，即所謂的「以在我之四，衡在物之三，合而為作者之文章」的說法，是中國明清美學中最概括的、帶根本性的詩歌藝術本源說和創作論，較之歷代詩論家所謂的「言志」、「緣情」和「在心」、「在物」之說，都更加完善豐富和深刻，而且對後世具有廣泛而深遠的影響。其實，葉燮的詩論涉及範圍很廣，其它所謂的「文」與「質」問題，人品與詩品問題，以及「體格」、「聲調」等問題，有興趣的讀者朋友可以深入探索。

一百零一

相續相禪，因時遞變
——明清美學中突出的、最具進化論色彩的文學發展觀

　　上篇我們談到，「理、事、情」合「才、膽、識、力」，是葉燮詩歌美學體系中最概括的藝術本源說和創作論。以其本源說為基礎，延伸出來的「相續相禪，因時遞變」之說，則是其美學理論中最突出、最具進化論色彩的文學發展觀。他的這一理論的提出，旨在批判其時盛行的復古擬古的詩學風氣，和那些文化上的虛無主義。他的論說，從源到流，由本達末，大到天地、時運，小到飲食、器物，都體現了辯證的思維方式，並具有強烈的批判色彩。

　　比如，《原詩》內篇中說：「蓋自有天地以來，古今世運氣數，遞變遷以相禪。古云：『天道十年一變。』此理也，亦勢也，無事無物不然；寧獨詩一道，膠固而不變乎？」

　　開天闢地以來，「世運氣數」不是一成不變，而是時時處於前者讓位於後者，依順次相傳遞的運動之中。變化，既是事物本身發展的內在要求，也是事物發展的必然趨勢。既然天下的萬事萬物都是如此，難道只有詩歌膠固不變嗎？可見，在葉燮的心目中，「變」是絕

對的，「變」是事物發展的必然規律，詩歌藝術當然也不能例外。

但是詩歌的這種「變」，究竟是以何種方式具體呈現的呢？他進一步闡述說：「詩始於《三百篇》，而規模體具於漢。自是而魏，而六朝、三唐，歷宋、元、明以至昭代，上下三千餘年間，詩之質文、體裁、格律、聲調、詞句，遞嬗升降不同。而要之，詩有源必有流，有本必達末；又有因流而溯源，循末以返本，其學無窮，其理日出。乃知詩之為道，未有一日不相續相禪而或息者也。但就一時而論，有盛必有衰；綜千古而論，則盛而必至於衰，又必自衰而復盛。非前者之必居於盛，後者之必居於衰也。」

葉燮認為，詩道之變是「相續相禪」的。「禪」是說事物的發展演變前者讓位於後者，「續」是指後者延續連接前者。「相續相禪」，是指詩歌藝術發展歷史的連續性和各個時期發展的階段性。雖然從《詩三百》開始，直到明清，詩的內容、形式、體裁、格律等，都在變遷、更替、升降，但重要的是詩歌藝術的歷史，就像一條大河那樣，有源就一定有流，就如一棵大樹一樣，有根就能長出末梢，這是客觀的自然規律。反之，也可以沿流上溯找到它的源頭，順著樹的末梢也可找到它的本根，這是源與流辯證的對應關係。懂得了這其中無窮的學問和道理，然後便知道詩歌藝術的發展，沒有一天不是相續相禪，或者停了下來。不過就某一發展階段而言，它有盛就一定有衰；從詩歌演變的歷史來看，在盛了之後一定有衰，又一定從衰演變到盛。不是說前者就一定處在盛的狀態，而後者就必定處在衰的境地。

這裏葉燮很明確地強調了兩個要點：一是從詩歌發展的源與流、

本與末相對應的辯證關係中，強調詩歌藝術發展的必然性和連續性。從其必然性來講，「有源必有流」，「流」是永無止息，「雖萬派而皆朝宗於海」，誰也不能抽刀斷水，也不能使之倒流。因此，詩歌創作中的復古主張是行不通的，是沒有出路的。從其連續性而言，任何一個時代的詩歌藝術都是「相續相禪」的，既非無源之流，又非無本之末，所以分析研究各個時期的詩歌創作及其流派、風格，就不能不把它放在詩歌發展的歷史長河中來考察，而不能割斷歷史，數典忘祖。二是「盛」與「衰」（同「正」與「變」一樣）是一組相對的概念。從整個詩歌發展的歷史來看，「盛而必至於衰，又必自衰而復盛」。這是一種相互轉化的關係，也是發展演變的過程。非前者就「必居於盛」，後者就「必居於衰」。因此，所謂的「文必秦漢，詩必盛唐」之說，或一筆抹殺唐以後之詩的主張，便都是毫無道理的荒謬之談。

　　值得特別指出的是：葉燮所謂的「盛而必至於衰，又必自衰而復盛」，並不是簡單的盛衰迴圈，而是由簡單到繁複，由低級到高級，逐步進化的螺旋式的發展。他說：

　　「大凡物之踵事增華[1]，以漸而進，以至於極。……此如治器然，切磋琢磨，屢治而益精，不可謂後此者不有加乎其前也。」（《原詩》內篇）

　　「夫自《三百篇》而下，三千餘年之作者，其間節節相生，如環之不斷，如四時之序，衰旺相循而生物而成物，息息不停，無可或間也。吾前言踵事增華，因時遞變，此之謂也。故不讀明良、擊壤之

1　踵事增華：踵：追隨、繼續。句謂繼續前人的事業，並使之更完善、美好。語出蕭統《文選序》：「蓋踵其事而增華，變其本而加厲；物既有之，文亦宜然。」

歌[2]，不知《三百篇》之工也；不讀《三百篇》，不知漢、魏詩之工也；……夫唯前者啟之，而後者承之而益之；前者創之，而後者因之而廣大之。」（《原詩》內篇下卷）

詩歌的發展，「其間節節相生，如環之不斷」，「衰旺相循而生物」不是別的，而是「踵事增華，因時遞變」，並不是圓圈式的周而復始。而是如「治器」那樣，「屢治而益精」地逐漸進化、發展，由粗到精，由量變到質變的一種螺旋式的發展。其思想的核心就是「前者啟之，而後者承之益之；前者創之，而後者因之而廣大之」。換句話說，葉燮的文學發展觀，不是要後者模之，擬之，而是要承前啟後繼往開來，在繼承中變革，在因襲中創新。因為只有這樣，才有可能「踵事增華」，繼續前人的事業，使詩歌創作日臻豐富，長盛不衰。

此外，從詩歌藝術發展的外因來看，詩歌創作之所以能夠生生不息，相續相禪，還由於它與時代的政治、風俗密切相連相關。故而在「踵事增華」之後，又有「因時遞變」之說。《原詩》內篇上卷中說：

「且夫《風》《雅》之有正有變，其正變繫乎時，謂政治、風俗之由得而失，由隆而污。此以時言詩，時有變而詩因之。時變而失正，詩變而仍不失其正。故有盛無衰，詩之源也。吾言後代之詩，有正有變，其正變繫乎詩，謂體格、聲調、命意、措辭新故升降之不同。此以詩言時，詩遞變而時隨之，故有漢、魏、六朝、唐、宋、元、明之互為盛衰。惟變以救正之衰。故遞衰遞盛，詩之流也。」

這裏，葉燮把詩歌發展的「因時遞變」分為兩種情況。一種情況

2　明良、擊壤之歌：指唐堯虞舜時期較為原始的詩歌。

是，《詩經》中《風》、《雅》的正變，是與時代的正變相聯繫的。因為詩畢竟要反映客觀世界的政治風俗、時代面貌（「文章者，以表天地萬物之情狀也」），所以政治風俗、時代面貌變了，詩當然也要跟著變，這叫做「時有變而詩因之」。若時代（社會）處於相對穩定的「正統」狀態，被改變被打破了，那叫做「時變而失正」；可是詩歌發展相對穩定，「正統」狀態被改變被打破了，卻叫做「詩變而仍不失其正」。這是為何？其實道理很簡單，在《百家唐詩序》（見《己畦文集》卷八）中葉燮即講過：「自有天地，即有古今。古今者，運會之遷流也。有世運，有文運，世運有治亂，文運有盛衰，二者各自為遷流。」就是說，詩歌有詩歌發展演變的規律，時代有時代治亂的軌跡，二者是「各自為遷流」的。也就是說人類社會的物質生產和精神生產表現出一種不平衡的規律。因此，當一定的時代、社會由正而變為衰之時，詩歌的發展演變，卻「變而仍不失其正」。這裏的「正」也就是「盛」。例如唐玄宗時代的社會很「正」（盛），後來出現了「安史之亂」，時變而失正，社會變得很「衰」。可是杜甫身處在這動亂紛爭的時期，他的詩歌創作卻很「盛」，成為了集大成式的詩人。這正是葉燮「詩變而仍不失其正」一個很有代表性的佐證。

另一種情況是，「後代之詩」在其發展過程中也有正有變，但它的正變是與詩的正變相聯繫的。後代的詩歌有內容、形式、風格、意象「新故升降」的不同，從而形成了不同的階段性，這叫做「詩遞變而時隨之」。所以，後代的詩歌才有「互為盛衰」的情況出現。但若在某一階段上因詩歌的形式風格等逐漸陳舊，使得「詩」本身逐漸衰落，需要重新振作使之興盛起來，那就只有「變」才能「救正之衰」

（即「惟變救正之衰」），也才能「遞衰遞盛」。這是「詩之流」發展的必然之路。

　　總之，無論是從「詩之源」的角度來看，還是就「詩之流」的方面而言，時代的正變，都決定或影響著詩歌的正變。因此，詩歌藝術的發展，只有「因時遞變」才是根本之道。特別是葉燮所崇尚的「變」，既是詩歌藝術發展的必然規律，又是詩歌藝術發展的內在動因和總的趨勢，要想使詩歌發展由衰到盛，或長盛不衰，那就必須「變」，並且必須「創」。「創」是什麼？「創」是開創，是「變」的內在特質。葉燮在《與友人論文書》中大聲疾呼，要「以創辟之人為創辟之文」；在《原詩》內篇中又號召人們要有「自我作詩」的氣魄，要能創作出真正的「新詩」，其道理均在於此。由「變能啟盛」到「創」可出「新」，這大概也就是葉燮創作的切身體驗和理想的審美追求吧！

我之為我，自有我在
——明清美學中極具個性特徵的繪畫創作論

　　石濤¹是清初著名畫家，也是清初最富創造精神的四僧之一。由於他自幼好學，博覽群書，工繪畫、詩文、書法等，青年時期又遍遊名山大川，飽覽古跡奇景，因而其繪畫風格，與常人異，自成一格。他的畫作縱橫排闥，閃轉騰挪，充滿了動感和張力，曾引起時人高度的關注和讚譽，兩度受到過康熙親自接見。他晚年潛心研習繪畫技藝與理論，所著《畫語錄》則更是以其理論的系統性和創造性，被後人稱之為中國古代繪畫理論的經典，中國美術理論的冠頂明珠，其影響非常之大。

　　《畫語錄》論及繪畫藝術的方方面面，但最突出的觀點，是他在「一畫」基礎上提出的反對「泥古不化」的「我用我法」，「我之為我，自有我在」等觀點。據統計，在《畫語錄》的《變化章》第三之中，短短四百多字，竟然出現了21個「我」字。在其它章節裏，「吾」、「餘」、「予」字，隨處可見。可知石濤對於作為藝術個性的

1　石濤（1642-約1718）：清初著名畫家，本姓朱，名若極、字石濤，又號苦瓜和尚、大滌子、清湘陳人等。廣西桂林人。明宗室後裔。後削髮為僧。自幼好學，善繪畫，兼工詩文，尤長於山水。其畫構圖新奇，筆墨雄健姿縱，淋漓酣暢，與弘仁、髡殘、朱耷合稱「清初四高僧」。著有《苦瓜和尚話語錄》，為中國古代繪畫理論經典。

「我」，是何等的重視，何等的張揚！從繪畫的根本大法，到繪畫技巧的細枝末節，他都常常把「我」放在突出的位置加以運用和強調。

例如所謂的「一畫」，在石濤看來，是萬物形象和繪畫形象結構最基本的因素和最根本的法則，但他卻說：「一畫之法，乃自我立。」繪畫的根本法，不是古人留下來的傳統成法，而是由畫家自身「我」所建立起來的「一畫之法」。在《了法章》中他又說：「法自畫生，障自畫退」[2]。可見，這「一畫之法」也是畫家「我」從繪畫實踐中產生，並非憑空想像，或從天而降的。

「一畫」是貫穿《畫語錄》全書的核心概念，但其確切的含義究竟是什麼，至今說法不一致。有人說「一畫」取自佛學中的「佛性即一」、「一真法界」、「不二之法」，「一畫」是對這些說法的一種隱稱。「一畫之法」即是以佛法融入畫法的具體運用。有人說他是受到老子哲學的啟迪，老子有「道生一，一生二，二生三，三生萬物」的命題，石濤則借「一畫」表示最原始、最基本的繪畫形象。還有人認為「一畫」最早來自於《周易》卦、爻的象徵符號。如此等等，不一而足。我們以為，這些說法，雖然都有一定的道理，但都不完全，還有繼續探討的必要。中國畫之所以不同於西畫，公認的重要的特徵或者說手段，是「以線造形」。中國畫無論是塑造藝術形象，表現人情物態，抒發抱負胸襟，或傳達對於宇宙人生的理解和領悟，幾乎都是通過線條或線條的變化來實現的。千百年來，工筆劃、寫意畫，莫不如此。石濤作為一個畫家，對於中國畫的這一重要特徵，當然是非常清楚的。可是他為什麼在其文章中不講線條、筆道而要倡言「一畫」

2　法自畫生，障自畫退：繪畫的技法，是從繪畫實踐中產生的；束縛藝術表現力的障礙，自在繪畫實踐中消退。

呢？

　　我們認為，石濤其實並沒有否定「以線造形」，他或者把佛道兩家的術語引入到中國畫領域，或者獨出機杼創造術語，除了豐富理論，讓人有更多想像、發揮的空間之外，最重要的原因在於他要堅持其「有經必有權，有法必有化」[3]的變化理念，和彰顯其「我之為我，自有我在」的藝術主張。在他看來，只有這樣講求變化，強調自我的主體性和獨創性，才能真正反對「泥古不化」，做到「借古以開今」（《變化章》第三）。

　　對「我」的推崇在《畫語錄》中隨處可見。當時人說：「某家皴點，可以立腳。非似某家山水，不能傳久。某家清淡，可以立品。非似某家工巧，只足娛人。」對此石濤回答說：「是我為某家役（奴役），非某家為我用也。縱逼似某家，亦食某家殘羹耳，於我何有哉！」有人告訴他「某家博我也，某家約我也」[4]之後，他斷然道：「如是者，知有古而不知有我者也。我之為我，自有我在。古之鬚眉，不能生在我之面目；古之肺腑，不能安入我之腹腸。我自發我之肺腑，揭我之鬚眉。縱有時觸著某家，是某家就我也，非我故為某家也。天然授之也。我於古何師而不化之有？」（《變化章》第三）

　　他之所以不肯作某家的奴才，按某家的山水去畫山水，是他不肯吃某家的殘湯剩飯。他之所以說「我之為我，自有我在」，是說「我」是客觀存在的今人，「我」有我獨立的人格和獨特的風格。如果失去

3　有經二句：經：常規、原則。權：權宜。全句說有經常性的規則，就一定有權宜的處置；有一定的法規，就必然有法規的變化。
4　某家二句：博：博大、廣博。約：簡約、纏束。全句為使動用法，即某家可使我博大，某家可使我簡約。

了「我」（「我即古而古即我」），還有什麼石濤可言呢？可以看出，「我之為我，自有我在」，與「我自發我之肺腑」中的「我」，是與「古」相對而言的。畫家張揚「我」的目的是反對「知有古而不知有我」，「泥古不化」的一種社會風氣。他的說法，可以認為是明中葉以後思想解放潮流的一種反映，或者說它是對畫家藝術個性的肯定和高揚，而不是那種脫離社會現實生活的「自我表現」。

對於時人所謂的「畫有南北宗，書有二王法」，他也不屑一顧地說：「今問南北宗，我宗耶？宗我耶？一時捧腹曰：我自用我法。」可見他的「我用我法」，還是在強調畫家各自不同藝術人生追求的特殊性。如果大家都硬套古人的藝術法則，那就等於把古人的「肺腑」、「鬚眉」都安放在今人的身上，還有什麼個性特徵和繪畫風格可言呢？

在具體的繪畫技藝上，石濤同樣強調「我用我法」。比如在《係因縕章》第七之中對於筆墨的運用，他說：「不可雕鑿，不可板腐，不可沉泥，不可牽連，不可脫節，不可無理。在於墨海中立定精神，筆鋒下決出生活，尺幅上換去毛骨，混沌裏放出光明。縱使筆不筆，墨不墨，畫不畫，自有我在。……化一而成係因縕[5]，天下之能事畢矣。」

提出六個「不可」之後，他要畫家在墨海中確立主體的意志精神，在筆鋒下描出客體活生生的情狀，在畫面上繪出源於生活而又高於生活的藝術形象，在朦朧渾厚的狀態裏表現出高妙的意境。如果能

5　係因縕：即氤氳，指畫面上氣韻生動。

這樣，縱然「我」的筆墨畫風都不符合傳統的規範，但我自有我的理念、法則存在，天下就沒有什麼不能成就的事。

石濤同時認為，對「我用我法」的追求，也就是對繪畫藝術理想審美境界的追求。在《山川章》第八中，他說：「我有是一畫，能貫山川之形神。此予五十年前，未脫胎於山川也；亦非糟粕其山川而使山川自私也。山川使予代山川而言也，山川脫胎於予也，予脫胎於山川也。搜盡奇峰打草稿也。山川與予神遇而跡化也，所以終歸於大滌也。」

這段話有三層意思：一是說我有了這「一畫之法」，能夠在繪畫創作中貫穿山川的形神。在尚未「脫胎於山川」時，我能揭示的僅僅是山川的形象，還沒有達到物我交融的境界。二是今天山川讓我代它們講話，山川脫胎變化生成了我，我又脫胎變化成了山川，這時物我已經融合，主客也已統一。三是「搜盡奇峰打草稿」。他理想的物我交融的境界，其實並非莊子所謂「心齋」數日之後，才可進到的「坐忘」境界。因為要「搜盡奇峰」（含山川之川），必然要經過對於山川的長期觀察、研究或者實踐，才能把「山川萬物之具體」，包括它的正反、偏側、聚散、近遠、內外、虛實、斷連、層次、剝落、豐致、縹緲等，「諸種生活之大端」（活生生的情狀）（《筆墨章》第五）都了然於胸，才可「打草稿」。這樣主體與客體交融，山川與我神情遇合，如此借我之筆墨蹟化而產生的「草稿」，在創作上便既是自由再現自然之美，同時又是充分表現畫家「我」的思想情感和審美追求。所以，我與山川神遇而跡化出來的繪畫，才真正是大滌（即石濤）的作品。

這便是石濤對「我之為我，自有我在」最確切的詮釋，也是對石濤之所以為石濤的最充分的說明。當然讀者若能再鑒賞一下他的名畫《搜盡奇峰打草稿》，我們對此問題的探討或許能夠更加深入。

從胸有成竹到胸無成竹
——明清書畫美學中最新最具普遍意義的創作論

在中國古代書畫美學史上，藝術家們大都強調「意在筆先」、「胸有成竹」。衛夫人在《筆陣圖》中說：「意後筆前者敗⋯⋯意前筆後者勝。」王羲之說：「心意者，將軍也。」又說：「令意在筆前，字居心後，未作之始，結思成矣。」文與可率先提出了「胸有成竹」的主張。蘇軾說：「故畫竹必先得成竹於胸中，執筆熟視，乃見其所欲畫者。」晁補之詩說：「與可畫竹時，胸中有成竹。」「胸有成竹」之說流行於世，成了畫界的定則。但鄭板橋[1]對此卻有自己的看法。

在《板橋題畫蘭竹》中他說：「文與可畫竹，胸有成竹；鄭板橋畫竹，胸無成竹。濃淡疏密，短長肥瘦，隨手寫去，自爾成局，其神理具足也。藐茲後學，何敢妄擬前賢。然有成竹無成竹，其實只是一個道理。」

在另一則畫跋中他又說：「江館清秋，晨起看竹，煙光、日影、

1　鄭板橋（1693-1765）：原名鄭燮，字克柔，號板橋，人稱板橋先生。江蘇興化人。「揚州八怪」的主要代表。以「詩、書、畫」三絕聞名於世的書畫家、文學家。官山東范縣、濰縣縣令，有政聲，後乞病歸。工詩、詞，善書畫，尤長於蘭竹。有《板橋全集》行世。

霧氣，皆浮動於疏枝密葉之間。胸中勃勃，遂有畫意。其實胸中之竹，並不是眼中之竹也。因而磨墨展紙，落筆倏作變相[2]，手中之竹又不是胸中之竹也。總之，意在筆先者，定則也；趣在法外者，化機[3]也。獨畫云乎哉！」

在鄭板橋看來，「胸有成竹」是一個層次，「胸無成竹」又是一個層次。「胸有成竹」，只是繪畫創作的一個重要階段（即畫家心中對外物經過醞釀加工而產生「竹」的審美意象）；而不是繪畫創作的全過程，也不是創作的終點。所以，畫家還必須從「胸有成竹」進到「胸無成竹」的境界，才能「隨手寫去，自爾成局」，畫出「神理具足」的藝術之竹來。

他認為，繪畫創作的全過程要經過三個階段：即「眼中之竹」——「胸中之竹」——「手中之竹」。清晨起來看到園中之竹，在煙光、日影、霧氣裏浮動於枝葉之間，這是自然之竹進入畫家的審美觀照之中，且貫注了畫家藝術思維的「眼中之竹」，這是創作的第一階段，也是審美創造和靈感觸發的臨界階段。到了「胸中勃勃」（即奮發興起，觸動了靈感），「遂有畫意」（即經過畫家心中醞釀鎔鑄成了「竹」的審美意象），便進到了「胸中之竹」的第二階段，換言之，這就是「意在筆先」或「胸有成竹」的階段。這是畫家審美思維的一次飛躍，也是一般畫家難以企及的。因為「胸有成竹」，不僅表明畫家的文化積澱和藝術修養已達到了一定的高度，而且實際上也只有做到「胸有成竹」，才有可能創造出符合自然法則和藝術規律的藝

2　倏作變相：倏：迅速、很快。全句謂很快地作出相應的改變，靈活的處置。
3　化機：化：變化、改變。機：時機、形勢。這裏指創作過程中畫家要隨機應變，自由創造，不要拘泥成法。

術之竹（即畫面上呈現出的審美意象）。這是已經為無數畫家的繪畫實踐所證明了的。「胸中之竹」到「手中之竹」又是如何實現的呢？鄭板橋說：這是在「胸有成竹」的基礎上，「磨墨展紙，倏作變相」的結果。此時，「手中之竹已不是胸中之竹」。可見，「手中之竹」的產生，「變相」這一環節很關鍵。因為「胸中之竹」，雖然是經過畫家的審美意識分析和情感過濾後構成的審美意象，但「胸中之竹」畢竟還只是出於構思階段的未經物化的一種心象。而「手中之竹」，才是畫家運用筆墨技藝，將審美意象加以表現而生成的畫面上的藝術形象。尤其是由於筆墨與紙材的接觸，以及畫家想像和靈感的飛動，存在著許多微妙的意想不到的變數，所以畫家在落筆之時，隨著事態的發展變化，應充分發揮筆墨的藝術表現力，對胸中的審美意象，迅速作出相應的改變和靈活的調整，決不可拘泥於成法，一成不變。

　　為什麼鄭板橋強調「寫竹之法，不貴拘泥成局」，「胸無成竹」？因為只有做到「胸無成竹」，畫家才能不受任何「定則」、「成局」和某種思維定勢的束縛，才能獲得高度的創作自由，從而在筆墨與紙面接觸之時，隨機應變，「倏作變相」，創造出立意時預想不到的意趣和神韻。在鄭板橋看來，這也是由「胸中之竹」到「手中之竹」的一條必由之路。

　　當然，鄭板橋倡言的「胸無成竹」，並非蘇東坡曾詬病的「節節而為之，葉葉而累之」的「胸無成竹」；也不是初學作畫者的「胸無成竹」，而是畫竹幾十年，要求「必極工而後能寫意」，早已做到「我有胸中十萬竿」，「信手拈來都是竹」的「胸無成竹」。說到底，「胸無成竹」，是在「胸有成竹」之後的昇華和超越，或者說是從「胸無

成竹」到「胸有成竹」再到「胸無成竹」，這樣一種螺旋式的發展軌跡。

鄭板橋所講的「胸無成竹」，並不是針對「胸中之竹」（即審美意象）的醞釀加工，而是針對「手中之竹」的表現過程而言的。由此可見，他所講的「胸無成竹」，其最終旨歸是要畫家從一切思維定勢中解放出來，由「定則」走向「化機」，由必然王國走向自由王國。

總之，鄭板橋的繪畫創作論，說到底是要畫家在探索創作方法把握藝術規律時，心中不僅要「胸有成竹」，更要做到「胸無成竹」。從「胸有成竹」到「胸無成竹」，鄭板橋提供的是一條不斷創新的路徑，也可以說，這是一條帶普遍性的藝術規律，這也正是鄭板橋感歎的：「獨畫云乎哉！」

「物一無文」與「物無一則無文」
——明清美學中最富辯證思維的審美方法論

劉熙載[1]是清末著名學者，一生著作很多，其中以《藝概》最為著名，也最有價值。《藝概》全書分《文概》、《詩概》、《賦概》、《詞曲概》、《書概》、《經義概》六個部分，分別論述了各個藝術門類的體制流變、創作鑒賞、藝術技巧和作家作品等，是一部通論各種文體藝術美論的專著。他出生於一個「世以耕讀傳家」的知識分子家庭，「少孤貧，力學篤行，讀書睹指識微」，是一個「殆少欲而能思者」，因此，對中國古代文化和美學思想有精深的修養。在《藝概》中，常常有精鍊而深刻的藝術主張和美學觀點。他對先秦哲學辯證思想的理解和發揮，並將之幾乎運用到廣泛的批評領域，世所罕見。其中的「物一無文」與「物無一則無文」之說，更是他最富辯證思維的審美方法論的核心和代表性的觀點。

例如《文概》中說：「《國語》言『物一無文』，後人更當知物無一則無文。蓋一乃文之真宰，必有一在其中，斯能用夫不一者

---

[1] 劉熙載（1813-1881）：清末著名文學家、文藝理論家、教育家。字伯簡，號融齋、寤崖子。江蘇興化人。曾入值上書房，後官至左春坊左中允、廣東學政等。晚年於上海龍門書院講學。著有《藝概》、《昨非集》、《古銅書屋六種》等。

也。」

《經義概》中又說:「《易‧繫辭》言『物相雜,故曰文』,《國語》言『物一無文』,可見文之為物,必有對也,然對必有主,是對者矣。」

在劉熙載看來,《繫辭》的「物相雜,故曰文」和《國語》的「物一無文」,其實是一個思想的兩種表達。「物相雜,故曰文」是說陰陽兩類事物交錯會合以成自然或社會生活之文(美、文采);「物一無文」是說單一事物的增減,或同類事物的重合,永遠不能產生美(即「文」與「和」)。

而劉熙載所謂的「物無一則無文」之說,則是在繼承並發展《周易》「貞夫一」的思想基礎上提出來的一個新的命題。《繫辭下》說:「天下之動,貞夫一者也。」是說天下人的活動都是「貞夫一」的。貞:正也。正有美善之意。夫:作於。「貞夫一」,即「正於一」,也就是美(善)在於一的意思。對於什麼是「一」,高亨卻說:「竊謂最初乃以『一』象天,以『一一』象地。蓋古人目睹天體混然為一,蒼蒼無二色,故以一整畫像之。」[2]劉熙載便在此基礎上加以發揮,將自然的、天體混然為一的「一」,引用到文藝批評中來,並指出「一」是「文」的真宰(統帥),一定要有這個「一」在其中,才能調遣「不一」,將「一」與「不一」統一起來,從而形成「整一」的藝術美(文)。

很顯然,「必有一在其中」之「一」,與「物一無文」之「一」,

2　高亨:《周易大傳今注‧繫辭下》(濟南市:齊魯書社,1988年)。

是截然不同的兩個概念，前者是整體的混然為一的「一」，後者是單一的「一」。劉熙載認為，「文之為物」，一定要在「整一」中有相對的「雜多」，在相對的「雜多」中要有為主的「整一」，這樣才能寓「雜多」於「整一」，從而形成二者的和諧統一。這是任何美的藝術作品都須遵循的一條審美原則。對此錢鍾書先生高度評價說：「劉熙載在《藝概》中標一與不一相輔成文，其理殊精：一則雜而不亂，雜則一而能多。」（《管錐編》：「物相雜成文」）可見，劉熙載的「一在其中，斯能用夫不一」之說，的確是很深刻的，不僅說明了為什麼「物無一則無文」，而且還辯證地說明了「一」與「多」的關係。

在「物」與「我」的問題上，劉熙載也持辯證的觀點。如在《賦概》中談到賦的創作問題時，他說：「在外者物色，在我者生意，二者相摩相蕩而賦出焉。若與自家生意無相入處，則物色只成閒事，志士遑問及乎？」

這就是說，文學創作中，「物」與「我」的關係，是主觀與客觀的相對與相依的關係。這裏的「物」，不僅指自然界的景物，還包括了社會中的事物。所謂的「物色」，即外在事物自身的形色和情狀。而「生意」則是指審美主體的志意、情性、思想等內在的精神活動。「物」與「我」只有通過情感上的接近、摩擦和搖動（「相摩相蕩」），做到情景交融，才能形成文學創作（「而賦出焉」）。否則，若「物」與「我」分離，作者的思想情感無以寄託（「無相入處」），賦中的「物色」便「只成閒事」。可見「物」「我」的「相摩相蕩」（矛盾關係的對立統一）是優秀文學作品產生的必要條件。

而要做到「物」「我」的統一，劉熙載認為藝術家就要對所描寫的生活，必須有親身的經歷，親身的感受，要有情感的交流，甚至要做到物我無間，只有這樣才能在作品中把「詠物」（再現）和「詠懷」（表現）統一起來。故在《詩概》中他說：「《詩》『喓喓草蟲』，聞而知也；『趯趯阜螽』，見而知也；『有車鄰鄰』，知而聞也；『有馬白顛』，知而見也。詩有外於知與見聞者耶？」

　　他又說：「陶詩『吾亦愛吾廬』，我亦具物之情也；『良苗亦懷新』，物亦具我之情也。」「杜少陵（甫）、元次山（結）、白香山（居易）不但如身入閭閻，目擊其事，直與疾病之在身者無異。頌其詩，顧可不知其人乎？」（《詩概》）這更是說明藝術家為了要使「詠物」和「詠懷」統一起來，就應深入里巷，親知親聞親見，做到物我無間（即「我亦具物之情」、「物亦具我之情」）。這才是一條正確的創作之路，審美之方。由此我們不難看到，劉熙載的辯證法，不是唯心的，而是建立在唯物的基礎上。這一點非常難得。

　　更為難得的是他以矛盾統一的法則，作為《藝概》全書的指導思想，對各個藝術門類中的各種矛盾關係進行了探究、考察和分析，並且對其中的一系列的美學範疇的辯證關係作出了深刻的論述。這是劉熙載美學思想中最有價值的部分。

　　比如《文概》中說：「文或結實，或空靈，雖各有所長，皆不免著於一偏。試觀韓文，結實處何嘗不空靈，空靈處何嘗不結實。」這是「結實」與「空靈」的辯證關係。

　　又如《詩概》中說：「常語易，奇語難，此詩之初關也；奇語

易，常語難，此詩之重關也。香山用常得奇，此境良非易到。」「太白詩雖若昇天乘雲，無所不之，然不離本位。故放言實是法言，非李赤之徒所能托也。」這是「常」與「奇」、「放言」與「法言」的辯證關係。

再如《賦概》中說：「賦兼比興，則以言內之實事，寫言外之重旨。故古之君子上下交際，不必有言也，以賦示之而已。不然，賦物必此物，其為用也幾何？」這是「言內之實事」與「言外之重旨」的辯證關係。

「《離騷》東一句，西一句，天上一句，地下一句，極開闔抑揚之變，而其中有不變者存。」這卻是「雜多」與「整一」的辯證關係。

其它如《詞曲概》中說：「詞要放得開，最忌步步相連；又要收得回，最忌行行愈遠。必如天上人間，去來無跡，斯為入妙。」《書概》中說：「書家於『提』『按』兩字，有相合而無相離。故用筆重處正須飛提。用筆輕處正須實按，始能免『墜』『飄』二病。」以及《經義概》中說：「文尚奇而穩，此旨本昌黎《答劉正夫書》。奇則所謂異也，穩則所謂是也。」這分別是「放得開」與「收得回」、「提」與「按」、「奇」與「穩」的辯證關係。

劉熙載在《藝概》中論及文學藝術作品的內容、形式、風格、意境及其相互關聯的各個方面時，所運用的對應範疇，不可勝數。如正與變，質與文，美與醜，工與不工，齊與不齊，虛與實，真與偽，出色與本色，似花與非花，斷與續，寫景與言情，詩品與人品，陽剛與陰柔，真實與玄誕，用古與變古，按實肖像與憑虛構象，言在口頭與

想出天外，肇於自然與造乎自然，等等。這都充分說明辯證思想是劉熙載藝術思想最突出的表徵。而且他對一系列矛盾關係、美學範疇的辯證分析，較之前人也更為自覺、深刻和全面，所以有人稱劉熙載是「東方的黑格爾」。據有人統計，自1935年至2005年，在亞洲範圍內發表的專論劉熙載及其美學思想的文章，就有244篇之多，可見劉熙載美學思想對後世的影響，的確是非常廣泛而深遠的。

境界，本也
——明清美學中最系統、最具總結形態的境界說

　　「境界」一詞，最早的含義是疆土。《說文》云：「境，疆也。」「界，境也。」西漢劉向《新序》中所謂的「守封疆，謹境界」，鄭玄注《詩·大雅·雲漢》中的「於疆於理」，講的「正其境界，修其分理」，都是此意。唐代人們提出了「境」這一新的美學範疇，如王昌齡《詩格》中把詩的境界分為「物境」、「情境」和「意境」，皎然認為「詩情緣境發」，劉禹錫說「境生於象外」等。「境」作為美學範疇的提出，在很大程度上標誌著意境說（境界說）的誕生。宋人李塗在其《文章精義》中則進而以「境界」論文，他說：「作世外文字，須換過境界。《莊子》寓言之類是空境界文字，靈均《九歌》之類是鬼境界文字，子瞻《大悲閣記》之類是佛境界文字。」明清時期，將「境界」和「意境」作為美學範疇來論詩文、論詞曲的情況更多更普遍，如王夫之、葉燮、孔尚任、紀昀、惲壽平、況周頤、梁啟超等人的著作中都使用過「境界」或「意境」這一範疇。

王國維[1]的「境界說」與之前各家的論說相較，其最大的不同之處，不僅在於他把「境界」作為文學藝術的本質（根本）來加以強調，而且還對「境界」的內涵、種類、標準、規格等，作出了一系列深入的分析和闡述。所以我們說，「境界，本也」及其相關的論述，是明清美學中最系統最具總結形態的境界說。

　　如《人間詞話》第四十五則（通行本）說：「言氣質，言神韻[2]，不如言境界。有境界，本也。氣質、神韻，末也。有境界而二者隨之矣。」

　　《人間詞話》第九則說：「滄浪所謂『興趣』，阮亭所謂『神韻』[3]，猶不過道其面目，不若鄙人拈出『境界』二字，為探其本也。」

　　在王國維看來，沈約講的「氣質」也好，王士禎說的「神韻」也罷，甚至包括嚴羽的「興趣」諸說，都不如他的「境界」說。「氣質」、「神韻」、「興趣」等只是文學藝術的末梢和現象，只有「境界」才是文學藝術的根本和本質。而且，文學作品一旦有了「境界」，「氣質」、「神韻」，乃至「興趣」也隨之而來了。有鑑於此，王國維在

1　王國維（1877-1927）：字靜安，號觀堂。浙江海寧人。清末秀才，近代著名學者。早年研究哲學、美學、文學。受到尼采、叔本華唯心主義思想的影響。1903年起任蘇州、通州等地師範學堂教習。1907年起任學部圖書局編輯。從事中國戲曲史和詞曲的研究，著有《人間詞話》、《宋元戲曲考》等。辛亥革命後，以清朝遺老自居。1913年起致力於古代史料、甲骨文、金文和漢晉簡牘的考釋，取得了輝煌成就。1927年在北京頤和園投水自盡。著作有《海寧王靜安先生遺書》四十二種、《觀堂集林》等。
2　言氣質二句：「氣質」是中國古代文論家常用的概念。曹丕《典論·論文》云：「文以氣為主，氣之清濁有體。」南朝梁代沈約《宋書謝靈運傳論》云：「子建、仲宣以氣質為體。」氣質，接近於作家的創作個性（風格）。「言氣質」指沈約的「以氣質為體」之說。「言神韻」指王士禎的「神韻說」，他主張詩要「神韻天然」、「興會神到」、「興會超妙」等。
3　滄浪二句：滄浪：即嚴羽。嚴羽在《滄浪詩話》中提出「興趣說」，認為詩歌創作應該「不涉理路。不落言筌」，「羚羊掛角，無跡可求」，以及「瑩徹玲瓏，不可湊泊」。阮亭：王士禎號阮亭。「神韻」即「神韻說」，見上注。

《人間詞話》開頭便概括指出：「詞以境界為最上，有境界，則自成高格，自有名句。五代北宋之詞，所以獨絕者在此。」

什麼叫「有境界」？境界有哪些美學上的內涵？《人間詞話》第六則中都已有交代。他說：「境，非獨謂景物也。喜怒哀樂，亦人心中之一境界。故能寫真景物、真感情者，謂之有境界；否則，謂之無境界。」

就是說，「境界」不是單指自然界客觀的景物，人心中的情感（喜怒哀樂）也是一種境界。所以「能寫真景物，真感情者」，就叫做「有境界」。除此之外，這段話還包含著「境界」的美學內涵，和「境界」的判別標準兩層意蘊。

第一，美學內涵。王國維認為：「文學中有二原質焉：曰情、曰景。」「文學者，不外知識與感情交代之結果而已。」（《文學小言》）因此，他所說的「境，不獨謂景物也，喜怒愛樂，亦人心中之境界」，不外就是情景交融、情景統一的意思。而情與景的統一又是詩歌意象的基本結構，也是宋代以來很多詩論著作對於「意象」的一個重要規定（王夫之的「情景說」，陸時雍的「意象論」都有清楚論述），所以「境界」的內涵無疑也包含著「意」與「象」的統一。這是一。其二，「境界」的美學內涵還在於它要求再現「情」、「景」的真實性，如其所言，「能寫真景物，真感情者，謂之有境界」。但什麼是「真」呢？王國維的「真」就是「忠實」，是「自然」。如《人間詞話刪稿》四四，他說：「詞人之忠實，不獨對人事宜然。即對一

草一木，亦須有忠實之意，否則所謂遊詞[4]也。」（「遊詞」即不忠實，是「真」的反面）又如在《宋元戲曲考》中他說：「元曲之佳處何在？一言以蔽之，曰：自然而已矣。古今之大文學，無不以自然勝。」而聯繫《人間詞話》五十六則：「大家之作，其言情也必沁人心脾，其寫景也必豁人耳目。其辭脫口而出，無矯揉妝束之態。以其所見者真，所知者深也」，我們便不難發現：忠實於客觀景物的作者，「其寫景也必豁人耳目」，寫的就是「真景物」；忠實於內心情感的作者，「其言情也必沁人心脾」，寫的就是「真情感」。這便是其「境界」所要求的再現的真實性。

《人間詞話》第七則說：「『紅杏枝頭春意鬧』，著一『鬧』字而境界全出。『雲破月來花弄影』，著一『弄』字而境界全出。」從這裏我們還可以看到，「境界」所要求語言的精鍊性和形象感，也是其不可或缺的一層重要含義。任何文學作品，其語言只有形象生動而又非常簡練，才更感人，才能「沁人心脾」、「豁人耳目」。將「紅杏枝頭春意鬧」的「鬧」字改成「滿」字，把「雲破月來花弄影」的「弄」字換成「伴」字，意思未變，可境界全失。這是「境界」的又一美學內涵。

第二判別標準。「能寫真景物，真感情者」，是衡量「境界」有無的判斷標準。而「境界」的有無，正是衡量文學作品藝術性的標準。這一點很明確。但在《宋元戲曲考》中王國維又說：「元劇最佳之處，不在其思想結構，而在其文章。文章之妙，亦一言以蔽之，

4　遊詞：金應珪《詞選後序》云：「規模物類，依託歌舞。哀樂不衷其性，慮歎無與乎情。連章累篇，義不出乎花鳥；感物指事，理不外乎酬應，雖既雅而不豔，斯有句而無章，是謂遊詞。」

曰：有意境而已。……古詩詞之佳者，無不如是，元曲亦然。」很明顯，這裏的「意境」，也是衡量文學藝術的一個審美標準。難道王國維心目中有兩個不同的審美標準？其實非也。在王國維那裏，談到藝術作品時，「境界」、「意境」基本上是作為同義詞使用的。只是當他談到藝術家描寫的審美對象（包括人心中的審美對象）時，常常用「境界」一詞。如「夫境界之呈現於吾心而見之於物者，皆須臾之物」（《人間詞話附錄》一六），以及「境，非獨謂景物也。喜怒愛樂，亦人心中之一境界」，強調的側重點就在「境界」。而「意境」則僅用於藝術作品。

「境界」的種類，首先，他以物我關係，將「境界」分為「有我之境」與「無我之境」兩種。《人間詞話》第三則說：「有有我之境，有無我之境。『淚眼問花花不語，亂紅飛過秋韆去』，『可堪孤館閉春寒，杜鵑聲裏斜陽暮』，有我之境也。『採菊東籬下，悠然見南山』，『寒波淡淡起，白鳥悠悠下』，無我之景也。有我之境，以我觀物，故物皆著我之色彩。無我之境，以物觀物，故不知何者為我，何者為物。」「有我之境」的美學特徵是「以我觀物」，物都帶上了我的情感色彩。而「無我之境」的美學特徵是「以物觀物」，物我無間，進到一種坐忘的境地。

其次，他以藝術風格的不同，又將「境界」分為「寫境」與「造境」兩種。如《人間詞話》第二則說：「有造境，有寫境，此理想與寫實二派之所由分。然二者頗難分別。因大詩人所造之境，必合乎自然，所寫之境，亦必鄰於理想故也。」這裏兩種不同的境界（「造境」與「寫境」），其實就是指浪漫主義和現實主義兩種不同的創作方法。

但是他認為大詩人所造之境，一定合乎自然，所寫之境，也一定與理想鄰近。可見他不但看到了二者的區別，而且還指出它們之間的必然聯繫。因為理想與寫實兩派，雖然在創作方法上不同，但「其材料（素材）必求之於自然（自然景物和社會現實），而其構造，亦從自然之法，故雖理想家，亦寫實家也」（《人間詞話》五）。這是對浪漫主義和現實主義兩種創作方法相互滲透的必然性的一種深刻的論說。

再次，王國維還從規格的角度論及境界的大小與高下。如《人間詞話》第八則說：「境界有大小，不以是而分優劣。『細雨魚兒出，微風燕子斜』，何遽不若『落日照大旗，馬鳴風蕭蕭。』『寶簾閒掛小銀鉤』，何遽不若『霧失樓臺，月迷津渡』也。」這是說杜甫、秦觀描寫的景物有大有小，但沒有優劣之分。然而他在《人間詞話》第十八則裏又說：「尼采謂『一切文學，餘愛以血書者』。後主之詞真所謂以血書者也。宋道君皇帝《燕山亭》詞亦略似之。然道君皇帝不過自道身世之戚，後主則儼有釋迦、基督擔荷人類罪惡之意，其大小固不同也。」這裏境界的大小就有了評價優劣高下的意義。宋徽宗的《燕山亭》自哀自憐，不過囿於一己之悲歡，沒有上升到一種共性（普遍性）的高度，而後主李煜的《虞美人》、《相見歡》實是以心血寫成的，如「故國不堪回首月明中」，「問君能有幾多愁，恰似一江春水向東流」，以及「自是人生長恨水長東」等名句，觸動了一種人們共同的哀傷，所以「儼有釋迦、基督擔荷人類罪惡之意」。這兩種境界實在有高下的分別。

其它如所謂的「古今之成大事業、大學問者，必經過三種之境界」（《人間詞話》第二十六則），以及他標舉以「境界」（意境）來

論詩、論詞、論戲曲、論唐宋詞人、論文學之工與不工、隔與不隔等，由於涉及範圍廣博，論說精微，這裏只好存而不論。

　　總之，王國維認為他的「境界，本也」之說是對嚴羽「興趣說」、王士禎「神韻說」的一種超越。實際上，他的「境界說」在近、現代學術界，也的確產生了很大的影響。雖然「境界」或「意境」作為美學範疇並非他首先提出，而且其「境界說」中的一些觀點、說法，如強調「情」與「景」的交融、「意」與「象」的統一，強調寫「真景物」、「真感情」，強調文學語言的精鍊與形象感等，在前人那裏，已經有很多論述，然而他明確地從美學範疇之間的關係來強調「境界」的根本，認為「境界」較之「氣質」、「神韻」、「興趣」更為本質，更為重要，這卻是過去沒有人論及的。他明確地把「情」列入「境」的範疇，指出「喜怒愛樂，亦人心中之一境界」，以及他明確地將「景」規定為「以描寫自然及人生之事實為主」，其性質是「客觀的」、「知識的」；把「情」規定為「吾人對此種事實之精神態度」，其性質是「主觀的」、「感情的」。這些都是過去沒有的新論。特別值得指出的是，他對「境界」論說的系統性和廣泛性，在中國美學史、文學批評史上，也沒有先例。因此我們說王國維的「境界，本也」，及其一系列的論說是中國明清美學中最系統、最具總結形態的境界說。王國維的《人間詞話》及其學說，今天仍是人們關注的熱點，這大概就是他的「境界說」的魅力之所在吧！

後 記
POSTSCRIPT

後記

　　在結束本書的編選工作之後，這裏就本書的書名、體制和有關的幾個問題作一些必要的說明。

　　一、本書名為《中華美學選萃》，是一本相對通俗的美學讀物。它不是「史」，不是「大綱」，而是「選萃」。之所以稱之為「中華美學」，其內容主要是指，從先秦到清末這一中國古代歷史時期中的美學命題、美學範疇和美學概念等。不過，由於中國古代美學的研究對象、範圍，文學和藝術佔了極大的比重，因而所謂的「美學」，顯然屬於一種狹義的美學。雖然書中也涉及了美和美感的一般概念和理論，但多數談到的專題，卻仍屬文藝美學的範疇。至於所謂的「選萃」，這是因為每個時代的審美意識，常常是集中地表現於每個時代的一些大思想家、藝術家的美學思想之中，而這些大思想家、藝術家的美學思想，又往往凝聚、結晶為若干的美學範疇和美學命題，因此，要想在中國古代浩如煙海而又博大精深的美學遺產之中，選輯出那些能夠普及，能夠為「現代人」所接受、喜愛的美學思想，從而使之在當今發揚光大的話，那就只能「略小而存大，舉重以明輕」，將其中最精粹、最重要、最具代表性的美學範疇、命題和觀點，選輯出

來加以通俗而確切的評介。

二、文章的體制。為了普及中國古典美學這門古老而又年輕的學科的知識，也為了讓廣大美學愛好者能夠自由選讀，各取所需，本書所選一百零五個專題，均以說明文之體式，各自獨立成篇。每篇除引文之外，均有相對較為通俗的今譯、評介和注釋。同時對於資料的背景，論說的源流關係，也有一定的簡述。因此，分開可以任選一個專題；縱覽，又可觀其脈絡概貌。這是適應現代生活快節奏的一種需要。

三、本書各篇所涉及之作者簡介，與重要文獻的說明，均列為注釋中的一條，不再另作專門的敘說。注文力求簡明扼要，通俗易懂，涉及文字訓詁考證的，一般均不羅列過程。

四、本書的編撰，在資料的取捨上，參考和利用了北京大學哲學系美學教研室所編《中國美學史資料選編》的成果，特別是本書的引文部分，大多以該《選編》的引文資料為據，故特此予以說明，並表示真摯的謝意。

五、本書在編寫的過程中，曾得到河北師大劉紹本教授、李維世教授、孟雙全教授和石家莊學院蘇風傑教授，以及老戰友周志貴、朱在文等的大力支持、鼓勵和指導，尤其是李維世教授、蘇風傑教授，他們從我一開始編寫到完稿，幾乎是全程輔導、親自閱稿，提出了很多寶貴的意見，令人深受鼓舞！而出版社的領導和同志們對本書的出版所作出的許多具體的指導和幫助，更是令人難忘，故在此一併致以衷心的感謝和崇高的敬意。

此外，我的老伴尹家茹，年過七旬，腰頸有病，仍然堅持為全書打字、校對直到結束；我的學生、在石家莊市圖書館工作的馮娟同志，曾不厭其煩地一次次為我查找資料，借閱了大量的古籍圖書。這裏一併加以說明，並致以真摯的謝意。

　　當然，由於我是個「半路出家」的美學愛好者，1986年以後，才由詩文創作轉向了美學研究，因此深感自己根底不深，學識尚淺，書中的一些評介、注釋，僅只是自己的一些粗淺的認識或體驗，純屬一管之見。故書中難免有這樣那樣的錯誤或疏漏，還望專家學者與廣大讀者，不吝賜教，予以指正。是為盼！

作者

2011年11月15日於石家莊

大者，壯也
——試論先秦美學中的崇高

　　美學，是一門新興的邊緣性的學科。崇高，在西方被列入美學範疇，那還是十八世紀才出現的事。至於中國，由於對近代美學的研究起步較晚，美學上的諸如本質問題、規律問題、美的研究對象問題等，都還眾說紛紜莫衷一是，因而對崇高，尤其是對先秦時代的崇高，作專門性的探討就幾乎成了空白。為此，本文打算談談自己的看法，以向諸位同行請教。

崇高在先秦時期的特殊稱謂

　　在《現代漢語詞典》裏，崇高，是指最高的，最高尚的。在近代，王國維由於吸取了叔本華的美學思想，創造了「有我之境」、「靜噪交替」之說，便把崇高看作「壯美」的範疇。然而清代的姚鼐，則因崇高的事物具有「如霆如電，入長風出谷，如崇山峻崖」、「如杲如火」、「如鼓萬勇士而戰之」等特點，又把它叫著「陽剛之美」。此外，諸如漢代揚雄所推崇的「博大艱深的美」，《淮南子》主張的「自

然雄渾之美」，唐代提倡的「氣骨剛健之美」，以及韓愈宣揚的「可畏、可懼、可驚、可怪」的「奇怪之美」等，都與崇高近似、相通，但並不把它們叫做崇高。只是到了十九世紀戊戌變法後，隨著西方美學的傳入中國，「崇高」才嶄露頭角，被人公認，並賦予它一定的美學意義，即指那些數量、體積和力量非常之大的美學對象，它能給人以一種巨大的震撼性的情感觸動和刺激，從而使人產生一種崇高的感受。

早在兩千多年前，「崇高」二字在伍舉答楚靈王問章華臺之美時，就已經講過了。他說：「臣聞國君服寵以為美，安民以為樂……不聞其以土木之崇高，彤鏤為美。」（《國語》）可是他給美下了第一個定義之後，卻沒有說為何土木就沒有崇高，以及何以才能有崇高之美。在《詩經》裏還有一首以崇高為題材的詩，題為《崧高》，在《說文解字》中「崧」和「嵩」皆為崇的異體字，這說明崇高在中國確實早已有之，並非起於近代。不過這首詩只是講了尹吉甫如何送申伯就封於謝的原委。其主旨是講他們像四嶽那樣崇高，拱衛著周王朝的邊境。所以這首詩也只是周人的審美意識的反映，而不是理論形態的東西，當然也就算不上人們所謂的崇高之論了。

那麼先秦時期的崇高究竟是什麼稱謂，或者有何特定的標誌呢？筆者認為，從諸子的言論和《左傳》、《周易》等所論及的有關內容來看，總體上，當時的崇高就是「大」，「大壯」的大（因《說文解字》講：「壯者，大也。」《周易》說：「大者，壯也。」二者可以互解，其屬性未變）。「大」如果從文字學的角度講，那是指：「天大，地大，人也大焉，按天之文從一大，則先造大字也。人之文但象背脛。

大文則手腳皆具，而可以參天地是為大。」（《說文解字》）可見「可參天地」的事物是「大」的。其次，「大」在諸子之前，吳季札觀周樂時，也談到過它的美學意義。他說：「德至矣哉！大矣！如天之無不幬也，如地之無不載也。」可是正如杜預所注釋的那樣，他是在「依聲以參時政」，目的是為了「知其興衰」。所以「大」的美學意義，也因受到其時德樂一體的影響，而沒有得到本來含義上應有的闡發。

到了後來春秋戰國之際，周王室名存實亡，諸侯兼併愈演愈烈。一方面統治者橫征暴斂，恣肆享樂，揮霍無度；另一方面社會上卻是「民人苦病」，「野有餓莩」（《左傳》），「盜賊公行」（《國語》）。在這大動盪、大紛爭的錯綜複雜的現實面前，諸子圍繞著人的問題（包括人性、人權等）展開了激烈的爭論，「大」在各家論著中都被廣泛地談及，這時，「大」的美學內涵才得到充分的探討和深化，並成為後來「壯美」、「雄奇」、「陽剛之美」的源頭。當然其歷史功績，無論對其後的文藝創作，還是對歷代的社會人生，都產生了巨大而深遠的影響。這就是為什麼我們說「大」在先秦是崇高的特殊稱謂，是那個時代的特定產物的道理。

諸子論「大」的崇高屬性及其特點

前文提到，「大」在先秦是個美學範疇，並且還是其時崇高的特殊稱謂。那麼，諸子究竟對「大」是怎樣認識和闡釋的，這種認識和闡釋是不是就具有崇高的屬性和特質呢？這裏，我們就不能不具體聯

繫其主要的論點，來加以評析，以找到明確的答案。譬如老子講的：
「有物混成，先天地生。寂兮寥兮！獨立而不改，周行而不殆，可以
為天下母。吾不知其名，字之曰道，強為之名曰大。」（《老子》二
十五章）這個「大」，顯然就是老子的「道」，是他哲學的中心範疇
和最高範疇。但由於老子是從「道」的自然無為觀點來觀察萬事萬物
的，因而老子美學和他的哲學，又常常互相滲透融為一體。老子論大
（道）的許多言論，實際上也同樣包含了他對於美和崇高的看法。例
如，老子的「生而不有，為而不恃，長而不宰，是謂玄德」（《老子》
五十一章）就是如此。這裏，一方面他既是在講「大」（道）如何化
生了萬物，養育了萬物，而自己卻不據為己有，不居功自恃，不主宰
它們，是一種不可測度的大德。但同時他又是在講人的崇高的人格之
美，一種類似道德情操的最高境界。而且這種境界要求「聖人無常
心，以百姓之心為心」（《老子》四十九章）。要求「聖人不積」，才
能「既以為人己愈有，既以與人己愈多」（《老子》八十一章）。可見
他的「大」（道）是何等的廣博，無私而又無比高尚！此外，從老子
的「大」的外在特徵來看，它又是「迎之不見其首，隨之不見其
後」，是一種大到看不見聽不著的「無狀之狀，無物之象」（《老子》
十四章）。這種「大」卻可以「執古之道，以御今之有，能知古始」
（同上），或者如四十一章中所說的「大方無隅，大器晚成，大音希
聲，大象無形」那樣「道隱無名，夫唯道善貸且成」。從哲學上看，
我們可以說這就不外是一種「有生於無」的「無」，是「其大無外」
之真實的存在；從美學上看，它又是審美對象的「無形式」、「無限
制」，能夠引起人們驚歎和崇敬的「無限大」的一種「混茫」境界，
與康德所謂的「數量的崇高」十分相似。不過，老子的這種「大」，

並不指主體受到無限力量的壓迫，而又在這種壓迫之中意識到自身力量的結果，不伴隨著恐怖和痛感。這，又與西方的崇高不盡相同。

莊子也論過「大」。在《天道》篇中，當堯說他之所以用心是「吾不赦無告，不廢窮民，苦死者，嘉孺子而哀婦人」之時，舜曰：「美則美矣，而未大也。」作者在這裏就把大作了比美更高一層的區分和規定。可他所講的大是什麼呢？是「夫天地者，古之所大也，而黃帝堯舜之所共美也」的「大」。這裏，他除了有「以德合天地為其美也」（見郭慶藩《莊子集釋》）的含義之外，主旨也是講「自然無為」是天地的大美。按莊子的說法，天道是「無為而尊」的（《在宥》），它「有情有性，無為無形」，「神鬼神帝，生天生地」（《大宗師》），它既體現了不為一切有限事物所束縛的最大的自由，又體現了一種無所不能的力量。假如堯像天道那樣自然虛靜，實行無為而治，使民各得其「性命之情」，用不著那樣勞苦之心，天下人都能過著美滿幸福的生活，那麼，這樣的治績就不但「美」，而且是「大」了。

當然，莊子的這種大美，是「通於天地的德」。只是「天地有大美大言……聖人者，原天地之美而達萬物之理」而已（《知北遊》）。換句話說，這種大美就是存在於「天地」中最美的事物，是他最高的理想。或者說大美就是「自然無為」，體現了自然的無爭、無欲、無目的性等特徵。因此我們說莊子（老子也是一樣）強調任其自然，「無為」而又能「無不為」，的確是有根據的、合理的。可是從天下的許多嚴酷事實來看，人事也好自然也好，許多又常常是兩兩相爭充滿矛盾，互為增損，相食相淩。莊子講的一切純任自然，又顯得十分主觀片面，甚至是荒謬的了。

莊子是否一點也沒有正面論述過崇高呢？那也不是。如他在《秋水》篇裏借海鱉之口，對「東海的大樂」所作的一番描述和議論就是一例。他說：「夫千里之遠，不足以舉其大；千仞之高，不足以極其深。禹之時，十年九潦，而水弗為加益；湯之時，八年七旱，而崖不為加損。夫不為頃久推移，不以多少進退者，此亦東海之大樂也。」這段話就形象地說出了一個深廣不可測度的「大樂」（即大美），是不以時間的長短、數量的增減而有所改變的。實際上他就是在講一種永恆的、無限的「大」和「美」。在《逍遙遊》裏，他還提到「怒而飛，其翼若垂天之雲」、「水擊三千里，搏扶搖而上者九萬里」的大鵬，以及《人間世》中所提到的「其大蔽數千牛，絜之百圍，其高臨山十仞而後有枝，其可以為舟者旁數十」的櫟社樹等，這些審美對象都有著體積巨大、氣勢宏偉的特點，應屬於崇高的範疇，本來是沒有疑問的。但是事實上莊子的確又是一個絕對的相對主義者。在《齊物論》中他不僅把「舉莛與楹，厲與西施」統統看做是「道通為一」的（即沒有差別的），而且什麼東西他都說是「是亦彼也，彼亦是也，類與不類，相與為類」。這樣他便片面地誇大了是非的相對性，取消了是非的絕對性、客觀性，從而也就泯滅了是非、美醜、崇高與優美的界限，一切便失去了質的規定、客觀的標準。作者在寓言中所作的關於「大美」的諸多描繪和議論，也就蒙上了一層陰影，給它的審美價值打上了一個大大的問號！

　　是的，莊子是複雜的。雖然如此，但莊子及其後學在藝術和自然領域裏，對崇高和崇高風格的形成所作出的獨特而積極的貢獻，我們卻萬萬不可忽視。特別是莊子在創作上以自己深邃的思想，放縱恣肆

的情性，批判揭露的筆鋒，由內容到形式所展現出來的奇瑰多變的「莊騷之體」的雄奇和博大，正體現了他所追求的「大」。這種藝術風格，對後世的影響是極大的。對此，不僅莊子後學在《天下》篇中給予了高度的評價，稱頌《莊子》一書「恣縱」、「瑰瑋」、「宏大而闊，深閎而肆，其理不竭，其來不悅」，而且後來屈原和漢代的賦，李白、杜甫、韓愈、蘇軾的詩文，都有著莊子讚頌的那種「磅　萬物」、「揮斥八極」的氣魄和力量，都直接間接受到過莊子的「大美」思想的影響。這說明莊子的這種「大」，在中國歷史上有著強大的生命力。

儘管如此，但由於莊子（包括老子）在人生觀上都存在著消極出世、避世的思想，在哲學、美學上都主張「虛靜」、「無為」（「陰柔」、「守雌」），所以先秦時期真正大量地從「陽」、「剛」方面積極宣導、闡發「大」的崇高意義的，主要還是表現在儒家的言論之中。

比如孔子，他對社會人生常常持積極、進取、樂觀的態度，在他那裏，就很少有消極無為的東西出現。「發憤忘食，樂以忘憂，不知老之將至」（《述而》），就是最好的注腳。特別是他在《論語‧泰伯》裏講的：「大哉，堯之為君也！巍巍乎，唯天為大，為堯則之。蕩蕩乎，民無能名焉。巍巍乎，其有成功也。煥乎，其有文章」，就更是充分體現了他的「大」的陽性的人生觀、社會觀，也體現了孔子對崇高美的理解和高揚。這裏，我們姑且不說孔子連用了兩個「大」，兩個「巍巍乎」來讚美堯之為君，是何等的崇敬，單是從原文的本義：「偉大啊！堯之為君！天是非常崇高的，只有堯能效法天那樣的崇高。堯很廣大，以至百姓不知用什麼語言來形容他。他的功績十分偉

大，他的典章制度很有光輝」來看，它就不僅說明「大」的特點是崇高、廣大而又有光輝，而且這種「大」，又包含了「大」的「無限性」。這便是孔子對堯之為君讚揚和肯定的實質。雖然，這種讚美從堯的品德和功業成就方面著眼，屬於一種道德範疇；但是，孔子用「巍巍乎」、「蕩蕩乎」、「煥乎」來闡釋、形容「大」的含義，卻又是一種審美範疇。特別是崇高的內涵也好，外延也好，從來就不僅僅單指體積巨大、力量無邊的自然景物而言，它在人們的認識中，除了自然、藝術中的崇高之外，更多地還包含了社會領域裏的崇高。故而孔子對堯的這段贊詞應屬崇高範疇，也是順理成章的事。

不過，有的學者對此持不同意見。他們認為孔子的「大」和西方美學中的崇高，以及中國後來出現的「壯美」（陽剛之美）不是同一範疇，不能把它們等同起來。其實這種看法是片面的、不科學的。因為先秦與西方在「崇高」問題上的認識，本來就有同有異。如孔子的「大」是個美學範疇，又是對對象的道德評價，而西方著名的美學家康德，不也是多次地談到崇高和道德的必然聯繫，並認為崇敬就是一種道德情操嗎？（康德《崇高的分析》）退一步講，即使二者完全相異，又何必非要把一個不同的文化體系，「一個本身就有著矛盾，尚未成為科學界說的崇高理論」（朱光潛《西方美學史》）當作我們評析的標準呢？

再說，「大」與「壯美」（陽剛之美），本來前者是源，後者是流，後者是對前者的補充或發展，其相同點也是不言而喻的。所以說到底，先秦時期的「大」（或者「壯」）它不是別的，正是中國式的、先秦時期的崇高罷了。

愛默生在《想像的樂趣》一書中指出，偉大是崇高的特質，康德在《崇高的分析》中也指出，無論在野蠻社會還是在文明社會，最受人崇敬的都是不畏險阻、百折不撓的戰士，這種崇敬就是一種崇高感。我們聯繫孔子所說的「歲寒然後知松柏之後凋」、「三軍可以奪帥也，匹夫不可奪志也」（《子罕》），以及「志士仁人，無求生以害仁，有殺身以成仁」（《衛靈公》）等言論來看，孔子所論的「大」，不也更具有偉大、英雄、光輝的崇高特質嗎？

故孔子的這些充分肯定人的精神力量和人格美的思想，雖然有其特定的時代內容和局限性，但其對人的自由力量本質的最高讚賞，卻是對鑄造我們偉大的民族精神，對於發展文藝創作，都起到了不可估量的作用。這裏我們若是回顧一下屈原和他的《離騷》、岳飛和他的《滿江紅》、范仲淹和他的《岳陽樓記》，以及文天祥和他的《正氣歌》，可以看出他們都是受了儒家這種「大」的啟迪和鼓舞，問題也就清楚了。孔子的「大」是積極的、震撼人心的，它存在了兩千多年，只不過其內涵更側重於社會人生領域裏的崇高，而不是它的全部界說而已。

繼孔子之後，把「大」作為一種審美範疇，而又加以發展的，當然首推孟子。孟子說：「可欲之謂善，有諸己之謂信，充實之謂美，充實而有光輝之謂大。」（《盡心下》）雖然他沒有把「大」放到最高的層次，但焦循說得好，「充實」即「充滿其所有，以茂好於外」（見焦循《孟子正義》）……「大」比美更高一層，是達到了「充實而有光輝」的「至大至剛」（《孟子·公孫丑上》）境界的雄奇或偉大。所以孟子的「大」實際上也具有了崇高的品格。

至於孟子有關「浩然之氣」的論說，「以為氣也，至大至剛，以直養而無害，則塞於天地之間。其為氣也，配義與道」，以及「富貴不能淫，貧賤不能移，威武不能屈，此之謂大丈夫」，那就不僅說明他所崇敬的「大丈夫」，實際上是指人裏面真正的人，高尚的人，是個體人格精神的崇高之具體體現，而且他還強調了人的主觀倫理道德的修養，是必不可少的，只要人們專心致志，用正確的方法進行修養，就會在體內充滿浩然之氣——一種把道德的自覺和個體自由相結合的，顯示了個體無所畏懼、巍然屹立的精神狀態。所以孟子倫理學中的個體自覺的努力（包含他「人皆可以為堯舜」的主張，「舍生而取義者也」的氣魄），不但能夠喚起人們對道德的敬重，而且也將引起人的驚贊的審美感。這一點是和孔子的「殺身成仁」的思想一脈相承且又有前進的。

《易傳》對「大」的崇高內涵的描繪和概括

《易傳》是對《易經》進行徹底改造後的一部哲學著作，一向被看做是儒家的經典。由於長期的積累、發展和豐富，它不僅吸取了儒家許多著名的哲學、美學觀點，並且還吸取了道家的宇宙起源論和樸素的辯證法，吸取了陰陽、五行、八卦等論說，實際上已經構成了一個「彌綸天地，無所不包」的宇宙模式和體系。因此，《易經》美學的哲學基礎和對崇高的論說，無論比老莊和孔孟，都更為深刻、豐富而且系統，是對「大」的發展和形象的概括。比如「乾元用九，乃見天則，乾元者，始而亨者也」，以及「乾始能以美利利天下，不言所

利，大矣哉！大哉乾乎！剛健中正，純粹精也」（《乾·文言》）就是一例。

首先，我們從《乾·文言》連續使用了「大哉」、「大矣哉」兩個感歎讚美之詞來稱頌「乾」，就不難看出「乾」的特點是大。而《易傳》裏的「大」正好就指的是「乾」能夠達到剛健中正、恰到好處而又純粹精細的境地。當然《易傳》本身有其唯心因素，也受到其時代的局限，但就其美學意義來看，這種天的剛健，畢竟又是從自然現象觀察而來的。天在不斷地運動，有著強大的永不止息的力量。「乾」之用九的「九」，是陽爻之名。作為萬物之始的「乾」，本由陽爻構成，六個陽爻循位上升。它就可「見天則」（即可以見出整個自然，以至人事的普遍規律），作者在這裏不又賦予「乾」以極其崇高突出的地位嗎？

其次，元者：大也；亨者：嘉之會也。嘉有美意，即人事中一切順利和諧，無災無難之意。而且「始而亨者也」，是說最初天生成了萬物之美。但它自己卻不說，不居功自表。所以，這又是「乾」的偉大之所在。

在《易傳》闡釋乾卦時，多次提到了「龍」。或飛在天，或入於地，或見諸田。最後又提到「六爻發揮，旁通情也。時乘六龍，以御天也。雲行雨施，天下平也」（《乾·文言》）。這段論述，除了對「乾」的高度讚頌之外，「龍」這個中國古代的圖騰，一種神奇偉大的象徵，是否與先秦人們其時對於崇高的認識有關呢？我想，若我們不把《易傳》對乾卦的描繪和闡釋截然分割、對立起來的話，答案顯

然是能夠找到的。《易傳》對乾卦的闡釋是從哲學、社會、道德方面來說明的，而這裏對「乾」的上述描繪，卻恰恰是從形象上給人以直觀的美的感受。試想，在浩瀚的宇宙之中，雲在飛馳，雨在飄灑，萬物在蓬勃向上生長，日月星辰在不停地運行，龍——民族強大的象徵，在自由飛翔出沒，這不正是一幅雄渾、壯美的圖景嗎？因此筆者認為，在一定意義上，乾卦本身就是壯美崇高的象徵和標誌。當然，除乾卦之外，《大壯》、《震卦》和《繫辭》等處，對此還有確切而充實的表述，足見《易傳》的「大」的確是崇高而壯觀的。

《易傳‧大壯》曰：「大壯，大者壯也。剛以動，故壯。」說的就是，宇宙間的事物，陽剛為大，陰柔為小。強而有力，才叫大壯。這便與「力量的崇高」非常相似。至於象曰：「雷在天上，大壯」，則明顯地描繪了一幅雷在天上，聲威赫赫，震動百里的壯觀圖景。《說文解字》說：「壯者，大也。」《易傳》講：「大者，壯也。」可見大壯連用，是指大而又大的事物。這種事物「可參天地」，陽剛而強大，自然也就含有崇高、壯美之意了。

雖然《象傳》以震（雷）比刑，有令人恐懼的一面；然《繫辭下》在解釋此卦的擬象時卻說：「上古穴居而野處，後世聖人易之以宮室，上棟下宇，以待風雨，蓋取諸大壯。」高亨也說：「《大壯》是上震下乾。《說卦》曰：『雷為震，乾為天，為圜。』人自下觀之，天體穹隆似圜蓋覆於地上……雷雨不能侵入。」（《周易大傳今注》）所以雷震雖聲威很大，《象傳》又比之為刑，是很厲害的，但人在屋裏觀看，雷在天上，閃電轟鳴，又有何懼哉！頂多像清代魏禧所說的「驚而快之」，或「且怖且快」罷了。

所以，「雷在天上，大壯」，是一種非常壯觀的景象。只有雷打到地上來，如《震卦》中的「九四，震遂泥」，或「震來厲，乘剛也」，那才真正地易遭雷擊，使人處於純驚懼的境地！反之，「若六五，震往來，厲，意無喪有事」（同上），那麼巨雷雖往來頻繁，勢若將擊人，但並不造成災害，無損於人，結果還是一種恐駭中的快感。

不過還應當指出的是，《易傳》關於崇高與優美、陽剛與陰柔的論說，不僅看到了它們之間的區別和審美心理的不同反映，給予了高度的重視和肯定，但它並不認為壯美的事物是單行道，越剛越好。如乾卦，六爻全是屬陽，文中說「亢龍有悔，與時偕極」，就是講事物發展到了極點，便會壯極必衰。龍由亢而悔是與時偕極的緣故。在《坤卦》裏，它又講「坤至柔而動也剛」。「為其嫌於無陽也，故稱龍焉」。也就是高亨所說的「上文乃極盛之陰，其勢力等於陽」（《周易大傳今注》），所以才稱龍。

由此可見，《易傳》的柔能勝剛，「柔變剛也」（《剝·象傳》），不僅包含了老子的辯證法，而且還發展了老子沒有明確說出來的陽剛與陰柔、崇高與優美之間相互滲透、相反相成的這一美學原理。這比西方美學那種把崇高與優美視為互不相容的觀點，就深刻得多了。

「大」在先秦文藝作品中的審美反映

以上我們對先秦時代的「大」，有了初步的分析。但這種中國式

的崇高，在其時的文藝作品中有無充分的反映和印證呢？筆者認為回答是肯定的。因為當時眾多的青銅製品，本身就回答了這個問題。比如「饕餮」吃人的周鼎，西周前期的「伯矩」鬲，就既是其時君權、神權合一的象徵，神秘、森嚴、恐怖；同時又具有人類尚處於童年時期的那種偉岸怪誕和拙稚古樸的美，能使人感受到一種審美的愉悅。其中尤其是春秋時期著名的蓮鶴方壺，更具有令人「驚而且快」的特點。一方面「它全身均濃重奇詭之傳統花紋，予人以無名的壓迫，幾可窒息」；另一方面蓮瓣中央復立的清新、俊逸的白鶴「翔其雙翅單其一足」，「睥睨一切，踐踏傳統於腳下，而欲作更高更遠之飛翔」（郭沫若《殷周青銅器銘研究》），可愛、可敬且使人振奮。所以先秦時代幾乎所有青銅的一個共性，就是造型和文飾的渾然一體。表現了一個幻想與現實交織的兇殘而恐怖的力量，體現了其時的理想、情感和審美觀念。為何青銅器是中國甚至世界美術史、美學史上壯美的奇跡，其原因也在這裏。

此外，在文學作品中，如《詩經》裏的《崧高》、《長武》，《楚辭》裏的《國殤》也都表現了「大壯」的雄奇、強大和勇敢剛強、不可凌辱的英雄氣魄。其中特別值得大書一筆的，卻莫過於屈原的巨作《離騷》了。在此作品中，作者以自己為原型，塑造了一個執著追求光明，有著遠大的抱負、熾熱的情感、不懈的鬥志，純潔、高大而完美的主人公形象。這就不僅僅反映了那個時代人們的崇高意識，同時也體現了屈原畢生追求的崇高的理想和美學主張。所以司馬遷在《史記》裏評論屈原時說：「其文約，其辭微，其志潔，其行廉，……濯淖污泥之中，蟬蛻於濁穢，以浮游於塵埃之外……雖與日月爭光可

也。」王逸在《楚辭章句敍》裏也講：「今若屈原，膺忠貞之質，體清潔之性，直若砥矢，言若丹青，進不隱其謀，退不顧其命，此誠絕世之行，俊彥之英也。」這一評價的確中肯、確切之至。屈原死後，「楚人高其行義，瑋其文采，以相傳教，……所謂金相玉質，百世無匹，名垂罔極，永不刊滅者矣。」（同上）更說明屈原的人品、文品的「大壯」，的確已傳之後世，達到了百世無匹的地步。

先秦時期崇高命題——「大」（壯）的提出和闡發，從吳季札的「德之至矣哉，大矣！」到《易傳》一書的問世，幾乎都是以儒道兩家的著作作為基礎，融合了陰陽、五行、八卦等學說，從而形成了一種東方模式，較之西方古代的賀拉斯、朗傑努斯的《論崇高》，或是十八世紀的博克、康德的「崇高」論說，都是毫無遜色的，是世界美學史上的一個重要而不可缺少的組成部分。概括起來，其特徵主要有以下四方面：

一、這種「大」（壯），一方面是可參天地的事物，同時它又具有偉大、崇高、光輝的特點。它可大到不可用語言來形容，沒有具體的形式，也就是大到了「無限」。

二、這種「大」的領域，主要指社會人生的偉大剛強，是對人的理想和「大丈夫」式的人格美的肯定和高揚。至於自然領域裏的崇高現象，則是「天然」的，與人的理性觀念相聯繫。故又是一種「比德」的狀態。

三、這種「大」，肯定藝術領域裏的崇高，因為一方面它強調自然的「天籟」之美，如「大音希聲」、「大巧若拙」；另一方面它又追

求氣勢和力量之美，像《莊子》文章那樣的「瑰瑋」、「弘大」。所以像康德所言，它還有「人的目的在決定作品的形式和體積」。

四、這種「大」的形態，有很強的形象性、可感性，無論它論述的力和量的巨大，痛感和快感的交融，都大多體現在諸如「歲寒然後知松柏之後凋」或「雷在天上，大壯」之中。

當然，崇高和美一樣，在各個不同的時代，對不同的民族和階級來說，其內涵是很不相同的。先秦時期的「大」（或者是「壯」）的論說之所以重要，正是由於它是當今美學中之崇高的發展源頭之故。沒有源也就無所謂流。當前，在低級、庸俗的文學作品一度氾濫，「掃黃」、「整頓」深入發展之際，大聲疾呼真正的社會、藝術之美，呼喚「崇高」的重新回歸，那麼，我想探索一下中國古代的「大」（壯）之美，也就不至於有多餘之嫌了。

——本文原刊於陝西省《人文雜誌》1991年第2期J554

昌明文庫·悅讀文化　A0605007

中華美學選萃　下冊

作　　者　童汝勞
責任編輯　蔡雅如
發 行 人　陳滿銘
總 經 理　梁錦興
總 編 輯　陳滿銘
副總編輯　張晏瑞
編 輯 所　萬卷樓圖書股份有限公司
排　　版　菩薩蠻數位文化有限公司
印　　刷　百通科技股份有限公司
封面設計　菩薩蠻數位文化有限公司
出　　版　昌明文化有限公司
桃園市龜山區中原街 32 號
電話　(02)23216565
發　　行　萬卷樓圖書股份有限公司
臺北市羅斯福路二段 41 號 6 樓之 3
電話　(02)23216565
傳真　(02)23218698
電郵　SERVICE@WANJUAN.COM.TW
大陸經銷
廈門外圖臺灣書店有限公司
　　電郵 JKB188@188.COM

ISBN 978-986-496-005-7
2017 年 7 月初版
定價：新臺幣 280 元

如何購買本書：

1. 劃撥購書，請透過以下郵政劃撥帳號：
　帳號：15624015
　戶名：萬卷樓圖書股份有限公司

2. 轉帳購書，請透過以下帳戶
　合作金庫銀行　古亭分行
　戶名：萬卷樓圖書股份有限公司
　帳號：0877717092596

3. 網路購書，請透過萬卷樓網站
　網址 WWW.WANJUAN.COM.TW

大量購書，請直接聯繫我們，將有專人為您
服務。客服：(02)23216565 分機 10

如有缺頁、破損或裝訂錯誤，請寄回更換

國家圖書館出版品預行編目資料

中華美學選萃 / 童汝勞著.-- 初版.-- 桃園
市：昌明文化出版；臺北市：萬卷樓發行,
2017.07　冊；　公分.-- (昌明文庫. 悅讀文
化)
ISBN 978-986-496-005-7(下冊：平裝)
1.中國美學史　2.文集
180.92　　　　　　　　　　　106011185

本著作物經廈門墨客知識產權代理有限公司代理，由機械工業出版社授權萬卷樓圖書
股份有限公司出版、發行中文繁體字版版權。